中国社会科学院登峰计划——新媒体优势学科项目资助出版

PHILOSOPHY

人民日报学术文库

新媒体
——移动传播发展现状与趋势

黄楚新 ｜ 著

人民日报出版社
北京

图书在版编目（CIP）数据

新媒体：移动传播发展现状与趋势 / 黄楚新著 . --
北京：人民日报出版社，2022.1
ISBN 978 - 7 - 5115 - 7197 - 7

Ⅰ.①新… Ⅱ.①黄… Ⅲ.①移动通信—传播学—研
究 Ⅳ.①G206

中国版本图书馆 CIP 数据核字（2021）第 247884 号

书　　名：新媒体：移动传播发展现状与趋势
　　　　　XINMEITI：YIDONG CHUANBO FAZHAN XIANZHUANG YU QUSHI
作　　者：黄楚新

出 版 人：刘华新
责任编辑：程文静　杨晨叶
封面设计：中联华文

出版发行：人民日报出版社

社　　址：北京金台西路 2 号
邮政编码：100733
发行热线：（010）65369509　65369527　65369846　65369512
邮购热线：（010）65369530　65363527
编辑热线：（010）65363530
网　　址：www. peopledailypress. com
经　　销：新华书店
印　　刷：三河市华东印刷有限公司
法律顾问：北京科宇律师事务所　010-83622312

开　　本：710mm×1000mm　1/16
字　　数：180 千字
印　　张：14
版次印次：2022 年 9 月第 1 版　　2022 年 9 月第 1 次印刷

书　　号：ISBN 978 - 7 - 5115 - 7197 - 7
定　　价：89.00 元

目　录
CONTENTS

第一章

移动传播研究基础及发展现状

第一节　移动传播研究背景及意义

一、移动传播研究背景

根据中国互联网信息中心（CNNIC）发布的最新报告显示，截至2021年12月，中国手机网民规模达10.29亿，网民中使用手机上网的比例达99.7%，较2020年同期我国手机网民规模增加了4298万。当前，手机成为带动网民规模增长的主要设备，移动互联网接入流量由2015年的41.9亿GB增加至2020年的1656.0亿GB。依托以手机为代表的移动媒介高速普及与发展，移动互联网塑造了全新的社会生活形态。同时，伴随着5G技术发展，我国已建成全球最大规模光纤和移动通信网络，基础设施中"新基建"的持续完善也为移动传播提供了强有力的技术支撑。移动传播的发展一方面受益于移动互联网技术普及，另一方面也为实现由"互联网+"战略到"智能+"战略转型，推动数字经济发展和产业结构升级提供了信息流通渠道和信息交换平台。

从2014年8月中央全面深化改革领导小组通过的《关于推动传统媒体和新兴媒体融合发展的指导意见》标志着中国媒体融合进入国家战略层面，到2020年6月中央全面深化改革委员会第十四次会议审议通过了《关于加快推进媒体深度融合发展的指导意见》，媒体融合已经进入纵深发展，打造全媒体传播体系的新阶段，并逐渐成为国家治理职能之一。以习近平同志为核心的党中央高度重视传统媒体和新兴媒体的融合发展。移动媒体作为新兴媒体家族的重要成员，早已成为人们日常生活基本配置的一部分。移动传播逐渐成为主流传播方式。媒体通过移动传播是扩大主流声音传播范围、占领新兴舆论阵地的根本要求。

近年来，媒体融合已经进入深水区，改革创新进程持续加快。从中央媒体的移动战略布局到县级融媒体中心的移动优先原则，无论是主流媒体、省市媒体还是县级媒体，都将移动传播放在重要位置。从传媒业发展的步伐看，移动传播已经成为传媒转型的必然选择。

随着移动媒体的广泛应用，移动传播作为网络传播研究兴起后的又一新兴研究领域已在全球悄然兴起。一个标志性事件是，在学术界素负盛名的 SAGE 出版社，于2013年创办了一份全新杂志《移动媒体与传播》（*Mobile Media & Communication*），这是全球首份以移动媒体与传播为研究对象的杂志，它的诞生意味着一个新研究领域的正式确立。

近年来，国内学界逐渐涉足移动传播领域研究，移动传播领域的研究呈逐渐增多趋势。通过文献梳理，国内关于移动传播的理论研究，主要集中在以下几个方面。

（1）以移动技术发展为切入点，着重介绍技术与应用、扩散与发展。比如官建文的《从网络传播走向移动传播》，杨世桥的《智能穿戴——移动传播新平台》等。（2）从媒体行业发展的角度，以传统媒体进行移动化转型为主体进行研究。如喻国明的《移动传播时代：纸媒二次崛起的机遇——"移动互联网时代中国城市居民媒介接触状况"数据解读》，沈阳的《如何科学评价主流媒体的影响力——以〈中国媒体移动传播指数报告2014〉的纸媒移动传播评价指标体系为例》，李黎丹的《"液化"力量倒逼纸媒形成流动中的新格局——基于〈中国媒体移动传播指数报告〉的分析判断》。（3）从学理层面上，宏观关注移动传播的内涵、研究议题及发展态势等的探讨。如唐绪军、黄楚新等便基于移动传播，提出了微传播的概念，并对微传播的现状、特征及意义进行了深入分析，认为作为一种更为直接的双向互动传播方式，微传播甚至引发了经济和政治领域的变革。微传播正在改变中国的传播格局。胡春阳的论文《移动·传播·第二现代——手机传播的形而上学解释》着重对手机传播进行了释义。

西方对于移动传播的研究与移动通信有关。早期，主要研究点集中于手机传播的特点、功能、扩散和影响等上。近年来，随着移动互联网不断深入推进发展，学者们的研究也逐渐将移动媒体与社会相连进行研究。其核心议题主要集中在以下三方面。

（1）移动政治传播研究。在一些政治动员中，移动传播者的确在某种意义上改变了社会。同时，包括政府与政党如何利用手机与公众互动，其中最典型的是利用手机帮助竞选，进行政治口号的宣传，还有建设手机电子政府以及如何实现对手机通信进行有效监管的研究。

（2）将发展中国家作为研究对象，进行移动传播主题相关研究。由于发展中国家的手机终端等移动端发展与发达国家相比差距不大，因此，西方学者研究者的视野也超越了移动科技本身，借此来探讨发展、现代化和全球化等话题。

（3）移动传播对传播学领域的重构作用研究。作为一种新的传播范式，移动传播为解答传播研究的基本问题提供了新的思路。有关移动传播的研究对革新传播研究范式具有重大意义。卡茨论文中尖锐地批评大众传播研究在分析大众媒体时视野狭窄，将社会学的视角抛在一边。

通过对国内外关于移动传播的相关研究梳理归纳，当前的移动传播研究主要存在同质化、微观性、片面性和滞后性等问题。同时，研究层次不高，缺乏理论深度。在移动互联网快速发展的传媒实践环境下，移动传播的未来研究将逐步呈现数量递增，内容多样化、细分化，热点发展变化等趋势。

二、本课题研究的学术价值和应用价值

移动传播作为一个新兴研究领域，国内外现有研究视角的多元性不强。但是，其研究的重要性地位已经逐渐被国内外学者所认可。现有移动传播研究的不足之处在于主要注意力集中在技术的层面，侧重于移动媒体的推广和使用，基本上是孤立性研究。据工信部数据，2020年，中国移动电话用户总数达15.94亿户，4G用户规模为12.89亿户，并且4G用户正在加快向5G迁移，我国正在从移动互联网大国向移动互联网强国迈进。但综观学术研究现状与此不相称，尽管新媒体研究如火如荼，但移动媒体传播研究尚显单薄。中国的移动传播研究尚没有形成自己的问题域，仍以介绍技术与应用、扩散和采纳、与传统媒体的融合等为主体，且未能紧跟技术快速发展与传媒实践转型的步伐。本研究的学术价值和应用价值主要体现在以下几个方面。

（一）契合国家战略发展的需要

2015年，李克强总理在政府工作报告中提出制定"互联网+"行动计划，2019年又在政府工作报告中提出"全面推进互联网+，并拓展智能+"。从"互联网+"到"智能+"的战略转型为媒体智能化、移动化传播提供政策支持。从2014年至2019年的世界互联网大会，习近平总书记均出席开幕式或致信、讲话，均谈及科技革命、信息技术、人工智能、数字经济等互联网发展大势。

2016年2月19日，习近平总书记来到人民日报社、新华社、中央电视台调研，在座谈会上提出了"要适应分众化、差异化的传播趋势，加快构

建舆论引导新格局"。2019年1月25日，中共中央政治局在人民日报社就全媒体时代和媒体融合发展举行第十二次集体学习，在人民日报新媒体中心听取报社微博、微信公众号、客户端建设情况汇报，并观看新媒体产品展示。习近平总书记在移动报道指挥平台前与扶贫工作者连线交流，进一步提出"全程媒体、全息媒体、全员媒体、全效媒体"的"四全媒体"概念。对主流媒体发展，习近平总书记在参观时指出，"要坚持移动优先策略，让主流媒体借助移动传播，牢牢占据舆论引导、思想引领、文化传承、服务人民的传播制高点"。

为深入推进媒体融合国家战略向纵深发展，县级融媒体中心建设成为其中重要一环。2018年11月14日召开的中央全面深化改革委员会第五次会议审议通过了《关于加强县级融媒体中心建设的意见》；2019年4月，县级融媒体中心5项标准规范发布实施，其中强调县级融媒体中心"应按照移动优先的原则，利用移动传播技术，形成渠道丰富、覆盖广泛、传播有效、可管可控的移动传播矩阵"。

从国家战略布局角度看，移动传播是传媒应对互联网发展趋势，推进媒体融合纵深发展的关键环节，移动传播是分众化、差异化、智能化传播的典型终端，更是县级融媒体中心构建移动传播矩阵、主流媒体推进全媒体传播体系的重要抓手。基于此，进行移动传播研究，其成果应用于新闻传播领域，充实现有的理论，是对国家政策、战略的响应，是对新闻传播发展趋势的应对，具有较强的时代性和紧迫性。

（二）适应现代传播新变化，开拓移动传播新研究

当前，我国的手机网民规模占总体网民规模的99.2%以上，我国已经步入移动传播社会。然而，纵观我国移动传播领域已有研究，可以发现我国的移动传播研究仍处于初始阶段。有关移动传播的学术论文、著作和学

术会议、讲座明显数量偏少且未形成规模效应。中国的移动传播研究尚没有形成自己的问题域。本书在介绍国外发达国家移动传播现状与趋势的基础上，全面梳理国内移动传播的现状、特点及存在问题，分析移动传播的未来前景、社会影响，并进一步提出移动传播的对策建议，对于推进移动传播发展具有重要现实意义，为移动传播发展提供科学依据。

三、研究内容

（一）研究对象及总体框架

本书旨在对中国移动传播发展进行较系统的研究。本书将立足国内移动传播发展环境本身，探讨移动传播的发展现状、前景及其在微政务、短视频、客户端等微平台滋生新文化，成为新的文化载体，微经济、共享经济、粉丝经济等新媒体经济方面的影响。通过比较研究，借鉴发达国家已有先进经验，为我国的移动传播发展影响提出可行之策。既对移动传播作技术、经济、新闻价值的解释，也探寻移动传播在社会关系与社会结构的变迁方面的意义。

（二）重点难点

目前，移动传播研究面临的问题很多，本书着重研究移动传播的规制、传统媒体在融合过程中如何利用新媒体进行移动传播、移动传播的信息安全、移动传播的谣言治理、舆情引导等问题。

（三）主要目标

本书将以回答有关移动传播的重大现实问题和理论问题为根本目标，以逻辑严谨且具有批判精神和本土意识的理论研究为导向，努力达到以下四个方面的研究目标：建设研究基础，拓展本土理论，厘清全球格局，形成对策建议。

1. 建设研究基础。课题组将在搜集整理、实地调研的基础上，建设形成结构化数据库和案例库，为本课题研究奠定扎实的基础。除部分不宜公开的政府管理部门内部资料外，课题组将保证基础数据库和文献资料的开放性，以进一步推进学术同人对移动传播的战略和政策的研究。

2. 拓展本土理论。在吸收国内外既有理论成果的基础上，在问题设定和理论建构时充分考虑中国移动互联网发展的差异性，努力对既有的理论进行修正和拓展，通过既符合学术规范又具有创新性的理论研究，在移动传播发展前景预测、影响应对等方面，与国外有关移动传播学术研究成果形成呼应和交流。以学术论文和专著等形式推出创新性理论成果，提高项目学术影响力。

3. 厘清全球格局。通过研究移动传播国际发展的演进和趋势，从理论上厘清发展中国家移动传播发展的路径。在此基础上，依托国家"互联网+""智能+"及媒体深度融合、构建全媒体传播体系等顶层设计和战略构想，提出实现移动传播国际化的路径与保障措施。

4. 形成对策建议。在上述理论和实证研究的基础上，梳理总结"十三五"时期中国移动传播发展现状及存在问题，提出"十四五"时期及将来更长一段时期中国移动传播的战略思路、重点任务、阶段目标和政策保障体系。本课题力争形成以下对策建议及其应用渠道。

（1）承担中央和国务院办公厅交办的有关移动传播研究任务，提交政策建议报告。

（2）重点对接中央网络安全和信息化委员会办公室（国家互联网信息办公室）、广播电视总局、科学技术部、工业和信息化部，为移动互联网产业政策、移动舆情政策调整提供参考。

（3）加强与国外大学联合研究，形成高质量的国家社科基金《成果要报》。

四、思路方法

（一）研究基本思路

本书遵循理论与实践相结合的研究思路，主要为：通过全面梳理和整合国际、国内移动传播发展研究的成果，深入挖掘移动传播研究的各种相关理论资源，密切结合中国本土的移动传播发展实践，建构中国移动传播发展的理论架构与论述体系。

（二）具体研究方法

本书综合运用文献研究法、实证研究法、深度访谈法、个案研究法、比较研究法等多种方法，对我国移动传播发展进行研究。

1. 综合论述当前世界传媒的生态格局和世界移动传播的整体趋势。

2. 对发达国家移动传播发展情况进行分析，并对发达国家移动互联网发展相关政策进行研究。

3. 分析我国移动传播发展的进程和现状，并结合移动传播的具体媒介形态进行个案分析，探讨移动传播中亟待解决的问题。

4. 比较中外（境外）移动传播发展的异同。

5. 借鉴发达国家及地区先进的经验和典型特征，总结、分析其可行的运作模式，为我国移动传播发展问题提供可行之策。

五、研究计划及其可行性

（一）研究计划

1. 初步研究阶段：（2016年3月至2017年1月）确定选题后，围绕"移动传播的现状、前景及其影响和对策研究"搜集文献资料，梳理国内外移动传播发展的脉络，在此基础上，初步确定文献撰写的提纲。系统分析与本课题有关的移动传播发展案例，分析发生的社会背景、用户的反应，政府作用以及移动传播发展后对行业发展的影响和社会影响。

2. 深入研究阶段：（2017年1月至2018年4月）团队内部进行交流，进一步整合观点。通过对国外的移动传播相关理论的学习，加深对课题的理解，着手准备撰写学术论文、撰写相关著作，关注最新研究动态，查漏补缺。

3. 完成研究阶段：（2018年4月至2020年12月）撰写学术论文、向专业核心期刊投稿；撰写相关著作，联系出版社发表。

（二）可行性分析

当前是我国移动网民发展的高峰期，也是移动传播研究的关键期。我国移动网民、移动终端、移动平台等均处于发展高峰期，同时针对移动传播的政策规制并未形成体系移动媒体发展有利于提升内容和产品的价值链的延伸能力，有利于从中发现新问题新变化，为新媒体研究拓展研究方向、提供坚实基础；此外，移动传播研究更有利于总结分析当前问题，为今后移动传播行业发展提供政策制定与具体对策的智库支撑。

六、创新之处

本研究的基本观点，是在解答研究的核心问题的过程中得出来的。本研究通过将技术植入的社会语境置于更重要的位置，并从另一个维度扩展移动传播研究的概念化框架。

（一）研究视角新颖

站在网络社会产业转型的战略高度，提出适用于我国移动传播发展本土化建议，具有突破性价值。工业化中后期产业转型升级面临的资源、环境和技术约束明显不同于工业化初中期，而且对中国这样一个发展中大国，在工业化中后期需要借助资源优势、市场优势、技术优势去谋求移动传播领域的话语掌控权，以确保国家利益、国家意识形态安全，从而增强我国国际传播影响力。

（二）研究影响广泛

高度关注理论分析与中国实际相结合，多渠道发布传播研究成果，研究成果应用价值高。本书既能从理论上深入探讨中国移动传播理论依据及其政策着力点，又能避免空泛的学术性研究和无针对性地探讨相关问题，从而能够真正地为政府部门提供决策服务。

（三）研究方法创新

当前考察移动传播研究方法基本是观察法、文献研究法与资料研究法等，本课题除了采用以上三种方法外，还采用了访谈法、案例研究法、比较研究法，是理论联系实际的良好途径，目前在我国移动传播研究领域具有一定的开创性。课题组拟在理论研究确定的基本框架下对典型国家（美国、英国、澳大利亚、加拿大、韩国等）、省市地区（浙江、重庆、新疆、广东、河北、北京、天津等）和主要平台（新浪、腾讯、人民网、今日头条、趣头条等）开展重点调查研究，建立数据库和案例库，评价移动传播效果。

七、已有成果及社会效益

（一）成果形式

本课题研究的阶段性成果形式主要有以下三类。

一是专题研究报告。本课题在2020年12月之前完成《移动传播概念及核心议题辨析》《移动传播创新案例研究》《发达国家移动传播政策战略分析》《我国移动传播的影响及对策建议》《我国移动传播发展前景》《我国移动传播发展现状探析》等研究报告的撰写，其中对决策可能有参考作用且时效性强的报告内容或政策建议，将通过国家社科基金《成果要报》上报；一些专题研究成果也可以通过合作单位等渠道直接报送国务院相关部委。

二是学术研究论文。本课题在2020年12月之前完成并在国内有较高影响力的权威（核心）学术期刊发表与移动传播主题相关的多篇论文，学术论文采用规范的研究方法，推出课题最具前瞻性和创新性的理论研究和实证分析成果。

三是专著。本课题拟在2022年底之前公开出版学术专著。

（二）使用去向及预期社会效益

（1）使用去向：在专业核心期刊发表论文、成果汇编成册递交政府机关、向科研单位投稿、成果汇编成册留学校或科研管理单位存档等。在全国哲学社会科学规划办公室最终评审通过后以专著形式公开出版。

由本课题最终成果提炼的主要研究结论和重要政策建议，按照国家社会科学基金有关管理条例的要求，将通过《国家社会科学基金成果要报》、工信部、网信办内部研究报告等多元化的途径提交中央领导参阅，并在需要时向国家有关部委提供专题政策咨询。

（2）预期社会效益：本研究的成果将为政府主管部门提供相关管理决策参考和政策制定依据，为我国的移动媒体发展提供理论支持、思路和操作建议，促进移动传播发展和管理的完善，推动移动传播理论和新媒体传播理论的发展。

（三）课题研究以来的成果及社会影响

课题始终围绕"移动传播的现状、前景及其影响和对策"这一核心主题，以媒体融合发展的国家战略为背景，先后在《光明日报》《中国社会科学报》《人民政协报》《中国青年报》《中国新闻出版广电报》《中国出版传媒商报》等媒体发表与移动传播主题相关的理论文章；同时，在《现代传播》《科技与出版》《出版发行研究》《中国出版》《新闻与写作》《中国编辑》《传媒》《人民论坛》《中国广播电视学刊》《新闻战线》等核心期刊发表与移动传播、移动短视频主题相关的系列学术论文数十篇；此外，从2016年至今，每年度公开出版的新媒体蓝皮书《中国新媒体发展报告》中均对移动互联网、政务新媒体、移动短视频等进行论述，从"互联网＋、智能化、视频化、数字中国、智能＋、全媒体、5G+"等角度对移动传播现状与移动传播趋势进行重点阐述。

1. 宏观分析：建设研究基础，拓展本土理论

一是系统梳理总结了移动传播的发展现状与未来趋势。首先，对移动传播概念进行界定，指"依托移动互联网与移动终端，实现信息实时共享与交换的一种传播行为与过程"，这为移动传播的发展提供了基础的观点建构，在此基础上提出移动传播具有生产多元化、传播即时化、社交互动性等主要特征；在发展现状中将移动传播归纳为移动社交、移动阅读、移动音频、移动视频以及移动新闻等交互式、多元化的移动传播格局（《我国移动传播的发展现状与趋势》，《新闻与写作》2017年第8期）；同时，对我国移动传播的相关研究进行全面梳理和概括，归纳出我国移动传播研究主要集中在概念辨析、特点影响、策略、媒介形态及受众研究等方面，并以此提出研究存在的问题和未来研究趋势（《我国移动传播的研究状况》，《新闻与写作》2019年第9期）；针对移动互联网进入下半场的现实，结合

移动传播逻辑转换提出了移动传播面临的挑战与未来趋势：在全媒体传播生态的构建中，移动传播在技术赋能的基础上将助力智慧媒体建设，并提出"互联网×"深度融合下视频行业未来应理性价值回归（《深度融合、技术赋能与价值回归——移动传播的未来趋势探析》，《视听界》2020年第1期）。

二是以媒介技术迭代升级为背景分析移动传播相关问题。新传播技术的更迭发展是媒体转型升级的直接推动力，提出"中央厨房"等新闻生产与分发机制是在移动传播理念前提下媒体融合的"龙头工程"（《主动融合与转型升级：2017年媒体技术的突破创新》，《新闻与写作》2017年第12期），5G等技术对传播格局的影响主要体现在"移动化更加凸显，人们更加热衷于利用智能移动终端进行信息传播"（《5G条件下主流媒体如何占领传播制高点》，《科技与出版》2019年第12期）；同时，在政策规制的背景下分析了移动传播技术存在的软硬件短板、研发人员匮乏、新技术应用网络安全等现实问题，并针对移动传播特征提出未来移动传播政策治理要加快科技成果服务、完善监管体系、落实知识产权保护等具体对策建议（《以技术推动我国移动传播发展》，《新闻论坛》2019年第5期）。

三是从移动传播视角为主流媒体建设提出对策建议。在构建全媒体传播体系，推进主流媒体建设的进程中，传播终端趋向移动化，5G技术加持使得移动媒体必将进入快速发展的新阶段，因此要在移动优先策略下推动媒体融合一体化发展（《全媒体时代新型主流媒体建设的顶层设计与路径选择》，《中国出版》2019年第15期）；在新型主流媒体建设中如何推进国家治理体系和治理能力现代化，要充分发挥县级媒体、政务新媒体及融媒体报道等移动传播渠道的作用，因地制宜赋能基层治理能力，推进一体化在线政务服务，并积极互动凝聚社会共识（《我国新型主流媒体与国家治理体系和治理能力现代化》，《中国出版》2020年第15期）。

2.中观解读：厘清全球格局，借鉴先进经验

在移动传播概念界定、基础理论框架搭建的基础上，课题采用比较研究法对发达国家、典型地区和新媒体企业等的移动传播现状进行梳理，并分析其主要特点、存在问题和未来趋势，在全球传媒格局的大背景下区分国内外移动传播的异同，建立起了横向范围的移动传播政策资料和发展案例数据库，为我国移动传播的发展提供智库支撑。

一是介绍国外发达国家移动传播现状及趋势：美国、英国、韩国。以社交媒体为典型模式的美国移动传播引起了网络治理与社会矛盾等问题，未来将以新技术为支撑，推进移动优势与内容优势融合，探索政治传播与社会矛盾消解；英国的移动传播以付费订阅和视频服务为主要特征，但带来了用户、政治及社会问题，未来以技术创新推动数字社会治理，并加快推进媒介规制变革；在韩国的移动传播市场，OTT市场走向融合、MCN产业迅速成熟，由此也带来了媒体信任、内容消费、监管漏洞等弊端，未来移动广告收入增加、移动传播的智能化趋势更加明显。课题通过介绍国外发达国家移动传播现状、问题和趋势，能够为我国移动传播发展提供先进借鉴，同时规避相关风险，为移动互联网产业发展和网络治理提供对策支持，具有广泛的参考意义。

二是分析中国新媒体企业或平台的移动传播发展特色：今日头条、趣头条等。通过对比两家公司在定位、模式、内容和生态等方面的差异，分析我国移动传播的不同发展模式；对我国移动传播存在的版权争议、价值导向缺失、"茧房"效应等问题进行剖析，并就移动传播的内容回归、下沉化、智能化、垂直化及治理体系现代化等未来趋势进行展望（《当前我国移动传播发展特色及趋势——基于今日头条与趣头条的分析》，《新闻论坛》2019年第3期），能够为智能时代移动媒体的传播与转型发展提供借鉴意义与范式参考。

3.微观阐释：探析典型模式，提供对策建议

移动传播过程中离不开传播渠道与媒介形式，当下的大部分移动传播研究主要关注微博、微信、客户端、短视频等新兴的媒介形态，但研究存在单一化、同质化倾向，过多关注个体发展，缺少以移动互联网发展现状与未来趋势的系统化思维进行分析。课题主要立足微博、移动短视频两种移动传播的典型模式，从微观视角分析现状、问题与趋势，与移动传播研究的整体相契合。

一是微博、政务微博、政务新媒体的典型分析。在移动互联网迅速发展的当下，微博社交网络效应凸显，逐渐形成了"移动化全民性的社交平台"，在移动传播过程中的微博呈现出内容产出视频化、运营垂直化、MCN（多频道网络）化等特点（《我国微博发展的现状、问题与趋势》，《中国记者》2018年第3期）；在国家治理体系和治理能力现代化的进程中，"互联网＋政务服务"发展迅速，政务微博成为移动互联网时代政务服务的重要载体。对于未来趋势，政务微博同样要坚持移动优先策略，完善整体机制（《当前我国政务微博的发展特点及趋势》，《中国记者》2019年第4期）。

二是微视频、短视频、移动短视频的典型分析。从媒介形态角度看，短视频是移动传播的重要渠道，更是媒体占领移动网络空间的重要载体，对短视频的研究有助于从微观角度对移动传播进行具体阐释，具有典型示范意义，能够为移动传播发展提供创新性的对策建议。课题对移动传播中的视频研究路径经历了从微传播时代的微视频到融合背景下的短视频，再到移动传播时代的移动短视频的转型与拓展。短视频分发平台的发展经历了奠定用户基础，巨头加盟、迅速崛起，垂直细分的三代（《融合背景下的短视频发展状况及趋势》，《人民论坛·学术前沿》2017年第12期）；在新闻生产模式创新中，"移动直播＋短视频"的视频化、社交化、移动化传播形成了巨大的协同效应，达到了传播效果（《"移动直播＋短视频"创新

新闻报道新模式》,《新闻论坛》2018年第6期）；伴随中国移动互联网快速发展，短视频商业化步入快车道，中国本土MCN机构逐渐崛起，推进了细分市场和专业内容生产进程（《从本土MCN看中国移动短视频的商业化》,《传媒》2019年第21期）；与此同时，过度娱乐、标准缺失、内容乱象、监管缺乏等问题成了移动短视频发展的制约因素，课题率先提出我国亟须建构全面、透明、公开、权威的科学化短视频发展指数，以内容数据3.0为支撑，多维度分析，提供完善的评估体系，从而引导短视频行业健康有序发展（《亟待建构科学的短视频发展指数》,《视听界》2019年第4期）。此外，课题从发展规模、商业化进程、市场竞争格局、内容生产、用户消费、行业痛点及具体规范等系统分析了当前移动短视频的行业现状，并对"直播带货""X+短视频"、Vlog等行业热点进行解读，提出未来短视频发展趋势（《中国移动短视频发展现状及趋势》,《出版发行研究》2020年第7期）。

4. 贴近热点：结合个案分析，突出实用价值

一是结合两会报道等热点事件归纳移动传播特征。从2017年至2019年，课题连续三年在《新闻战线》发表对全国两会的新媒体报道观察，2017年提出移动直播成为媒体报道新方式，介绍人民日报、新华社、央视等主流媒体以微博、微信、移动端为平台打造的"新媒体移动优先报道方案"；2018年提出短视频和移动直播两种形态成为热门报道方式，视频化趋势明显；2019年提出多元传播，介绍Vlog等新形式，视频化成为常态。短视频在移动互联网技术的支撑下迅速发展并成为移动传播的重要媒介形态，这为媒体在重点热点事件报道中提供了丰富的实用技巧。

二是重点分析移动互联网对当代青年发展的影响。从2017年至2019年，课题连续三年在《中国青年社会科学》发表移动互联网背景下青年生活方式嬗变、网络社交媒体素养建构及知识分享优化等方面的学术论文。

移动互联网应用的迅猛发展深刻影响着当代人的生活方式，课题提出了移动互联网对青年生活的影响，"全网式"生活、"互联网 +"学习、"微社群"个性化发展；同时也提出了移动互联网对青年生活的挑战，并进一步提出依法管理、规范行为、正确引导等移动互联网风险规避的具体对策，为移动互联网时代青年生活学习提供积极效应，也为社会发展与政策制定提供有力的对策支持。

三是新冠肺炎疫情下的移动传播新观察。新冠肺炎疫情发生以来，受社会环境影响，移动传播技术快速发展，移动传播相关应用爆发式增长，移动传播场景广泛拓展；同时，用户对移动视频、移动音频、网络游戏的使用时长和频率迅速攀升，均为移动传播研究提供了实践基础。课题以移动互联网发展特征为研究重点，深入分析了疫情期间的移动短视频、直播带货、新媒体粉丝经济、舆情应对、媒体融合趋势等相关内容，并公开发表学术论文近十篇，对媒体在突发公共卫生事件中的移动传播提供可参考策略。

本课题研究以来的相关成果始终以研究目标为导向，在综合分析的基础上建设研究基础，拓展本土理论；在比较研究的基础上厘清全球格局，借鉴先进经验和典型模式，为我国的移动传播发展提供对策建议。从研究路径看，从宏观层面，全面梳理概述我国移动传播的发展现状与未来趋势；从中观层面，系统对比美国、英国、韩国的移动传播发展现状及趋势；从微观层面，以移动传播的具体媒介形态为研究范例，重点分析微博、政务新媒体、短视频、新媒体平台等移动传播发展过程中的研究热点。此外，还以媒介技术视角、媒介素养教育、媒介社会影响，重大热点事件、突发公共卫生事件等为研究对象，深入分析移动传播的现状和问题。总体而言，形成了宏观分析、中观解读、微观阐释、贴近热点的系列研究成果，对媒体移动传播实践发展、移动传播政策制定、移动传播社会效应等热点内容均有理论价值与实践意义。

第二节　我国移动传播的研究状况

通过文献研究的方法，对近年来我国移动传播的相关研究进行梳理与概括。通过归纳分析发现，我国对于移动传播的现有研究主要集中在移动传播概念辨析、移动传播的特点与影响研究、媒体的移动传播的策略研究、移动传播的具体媒介形态研究、移动传播的受众研究等方面。

随着移动互联网与智能设备的普及与发展及其带来的社会变化，信息生产与传播机制也发生了深刻变化，并重新塑造了原有的传播格局，衍生出移动传播。[①] 近年来，有关移动传播的研究已经成为一个热门课题，国内专家学者对移动传播的研究日益重视、不断加深，利用多视角展现出了移动传播多方面的新状况、新变化。以"移动传播"为关键词在 CNKI 中可以搜索到1540条结果，其中79.9%分布在"新闻与传媒"学科，经过综合筛选，本课题选取了近年来（2012—2019年）发表在 CSSCI 来源期刊、北大核心期刊上的移动传播相关研究成果以及少量其他期刊上的相关成果共计76篇。通过对论文进行梳理，本课题主要概括了关于"移动传播"的几个方面，包括移动传播概念辨析、移动传播的特点与影响研究、媒体的移动传播的策略研究、移动传播的具体媒介形态研究、移动传播的受众研究等，进而陈述近年来我国移动传播的研究状况。

一、移动传播的概念辨析

对概念的界定是研究的基础，针对移动传播概念的研究是学者们关注

---

① 黄楚新、彭韵佳：《我国移动传播的发展现状与趋势》，《新闻与写作》，2017年第8期。

的重点领域。

邹军（2014）在对西方移动传播研究议题进行梳理的基础上对移动传播的概念进行了界定，他认为理解移动传播的含义，需要从"移动"二字入手，移动传播中的"移动"，不仅指有如此之多的使用先进技术的特殊设备，如手机、平板电脑、电子阅读器，也不仅指参与其中的众多个人用户，更重要的是由上述各个部分共同组成的社会情境，它是跨越物理空间的、社会互动的语境。在邹军看来，所谓移动传播，即基于移动媒体的传播，是通过各种移动平台，在用户之间、用户与网络之间进行信息交换的传播过程。[①]

纪忠慧（2017）认为移动传播是指基于互联网、智能终端及各类应用软件技术之上的个性化、定制化、社交化的传受模式，以用户的平等参与、即时分享与互动以及信息的实时发布、海量数据与碎片化阅读为特征。移动传播融合了人际传播、组织传播和大众传播的诸般优势，尤以社交与移动的协同效应见长，成功吸引了最庞大的移动社交用户群。[②]

本课题认为，移动传播主要是指依托移动互联网与移动终端，实现信息实时共享与交换的一种传播行为与过程。其同时实现了传者、受者与媒介的空间可移动性，打破以往时间与空间对传播的限制，实现信息随时随地的互动性与个性化传播。

二、对移动传播的特点与影响研究

对移动传播特点的研究也是学者重点关注的领域。何其聪、喻国明（2014）认为，移动互联网绝不仅仅是 PC 互联网的升级移动版本，它具有

---

① 邹军：《移动传播研究：概念澄清与核心议题》，《新闻大学》，2014年第6期。

② 纪忠慧：《移动传播：主流媒体的社会主义意识形态话语建构》，《电视研究》，2017年第10期。

渗透融合化、即时互动化、社会同一化等特征，给使用者带来全新媒介体验。① 彭兰（2015）认为场景是移动时代媒体的新要素，移动传播的本质是基于场景的服务，场景成了继内容、形式、社交之后媒体的另一种核心要素，场景本身也可能成为移动媒体的新入口。② 黄楚新等（2017）移动传播主要具有生产多元化、传播即时化、社交互动性高等主要特征。③ 晏青等（2018）指出移动传播具有移动性、伴随性等空间特性，体现为碎片化空间的意义消弭和重组、互动空间的意义杂音与协商、场景空间的意义争夺与复调。④ 宋建武等（2018）指出移动传播体系包括三个部分：智能终端的普及、移动应用的丰富和应用平台的形成。⑤ 周浒（2018）将移动传播时代新闻图片传播的特点总结为传播主体的多元化和个体性、传播时空的即时性和移动性和传播内容的融合性和社交性。⑥ 马梅等（2018）从主体、环境、内容、表达、符号五个角度分析了移动传播的特性，分别为：信息传播者与接收者的边界消融、碎片化的信息获取与消费方式、新闻与各种信息产品的边界模糊、轻量化与走心的偏好、数字化信息形式中各种元素的无缝对接。⑦

　　同时，移动传播带来的变化和影响也受到学者们的广泛关注和研究。

---

① 何其聪、喻国明：《移动互联用户的媒介接触：行为特征及研究范式》，《新闻记者》，2014年第12期。

② 彭兰：《场景：移动时代媒体的新要素》，《新闻记者》，2015年第3期。

③ 黄楚新、彭韵佳：《我国移动传播的发展现状与趋势》，《新闻与写作》，2017年第8期。

④ 晏青、景宜：《文化类节目的移动传播：空间转换中的意义生产》，《中华文化与传播研究》，2018年第1期。

⑤ 宋建武、黄淼：《移动化：主流媒体深度融合的数据引擎》，《传媒》，2018年第3期。

⑥ 周浒：《移动传播背景下新闻图片的传播策略研究》，《新余学院学报》，2018年第23卷第2期。

⑦ 马梅、王潇然：《移动传播环境下的媒介教育改革》，《陕西理工大学学报（社会科学版）》，2019年第37卷第1期。

移动传播不仅改变了传播逻辑，对社会关系和结构的变迁也有着重要影响，移动传播的影响体现在虚拟与现实两个空间，同时，移动传播不仅对社会带来了积极的影响，也造成了一些负面影响。

胡春阳等（2012）认为移动传播时代体现了移动的社会、移动的技术和移动的个人的联盟，手机对人际传播、社会关系与结构的变迁都具有先锋意义。[①] 彭兰（2012）认为移动传播重新定义了新闻生产与信息消费的时空观，是数字传播发展进程中的一个新飞跃。[②] 在刘明洋（2015）看来，移动传播在虚拟世界和现实世界两个领域，实现着新的建构——从观念、技术到内容、渠道，再到文化与社会。[③] 匡文波（2018）从大数据改变传统内容生产、人工智能改写内容生产格局、新闻推荐算法重塑内容生产、短视频内容增长最快四个方面总结了移动传播时代内容生产的新规律。[④] 雷鸣（2018）对移动传播催生出的位置媒介进行了研究，在他看来，移动传播和通信技术将"位置"重新嵌入媒介，催生出基于位置的信息分享、社交、商业服务和实景游戏等地理媒介的新业态，位置媒介在弥合了虚拟空间与现实空间的同时，也对传统媒介研究范式提出挑战。[⑤] 漆亚林等（2019）指出移动传播的"去中心化"和"去边界化"改变了社会构型和传播逻辑，驱动移动网络空间的话语转向。[⑥]

[①] 胡春阳、姚玉河：《移动·传播·第二现代——手机传播的形而上学解释》，《学术月刊》，2012年第44卷第4期。

[②] 彭兰：《社会化媒体、移动终端、大数据：影响新闻生产的新技术因素》，《新闻界》，2012年第16期。

[③] 刘明洋：《解读移动传播的八个关键转变》，《青年记者》，2015年第6期。

[④] 匡文波：《移动互联下的内容生产规律与传播规律》，《新闻与写作》，2018年第7期。

[⑤] 雷鸣：《位置媒介：移动传播与地理媒介的新业态》，《科教导刊（上旬刊）》，2018年第5期。

[⑥] 漆亚林、王俞丰：《移动传播场域的话语冲突与秩序重构》，《中州学刊》，2019年第2期。

杨季钢（2016）重点研究了移动传播对社会发展的负面影响。移动传播时代促成信息爆炸，碎片化信息肆意滋生，加之网络以"用户"为中心的思维导致信息日益窄化，在信息碎片化和信息窄化螺旋中逐渐产生了信息失真、信息回音室等问题，伴随着这些问题的出现，移动传播对社会发展产生了一系列实质性的负面影响，导致了诸多社会问题的出现。①

三、媒体的移动传播策略研究

传播的移动化是大势所趋，移动化生存成了媒体发展所面临的重要课题。学者们纷纷针对不同类型的媒体，从实际情况出发，对媒体的移动传播策略进行研究，这对媒体的转型与发展具有重要意义。

官建文（2013）认为传统媒体应该通过构建权威、独特的数字化传播平台，形成可持续发展的赢利模式，将传统优势转移到数字化平台等方式完成数字化转型。② 徐栩（2013）就主流新闻网站发展提出了有关移动传播的几点思考，认为主流新闻网站应该熟悉移动传播规律，建立互动传播新模式；重视社交媒介平台，善用微博、微信；以用户需求为核心，开发个性化的新闻产品；利用新技术，实现 PC 终端和移动互联网终端的互联互通。③ 韩琰琰等（2015）认为媒介品牌的经营管理是提升媒介形象、增强媒介竞争力的重要手段，并以《三联生活周刊》为例提出了媒介品牌在移动传播环境下的传播策略。④ 崔士鑫（2017）指出主流媒体要认真坚持"移动优先、内容为本"，积极推进媒体融合创新。⑤

---

① 杨季钢：《移动传播对社会发展的负面影响研究》，《新闻知识》，2016年第12期。
② 官建文：《从网络传播走向移动传播》，《传媒》，2013年第2期。
③ 徐栩：《主流新闻网站的"移动化传播"初探》，《新闻世界》，2013年第8期。
④ 韩琰琰、李晴：《媒介品牌的移动传播策略——以〈三联生活周刊〉为例》，《青年记者》，2015年第15期。
⑤ 崔士鑫：《移动优先、内容为本，推进媒体融合创新》，《传媒》，2017年第17期。

面对未来的传播格局与移动互联网的传播规律，匡文波（2018）为传统媒体提出了大力投资数据新闻、拥抱而不是回避人工智能、顺势而为打造内容积极向上的短视频三方面的对策以主动参与传播生产、主动引领内容潮流。[①] 针对电视媒体，吴占勇（2018）提供了四个方面的创新路径，包括立体开发精 IP 的内容创新、在竞合中寻求共生的渠道创新、多维引领受众体验的技术创新和多元深耕社群经济的经营创新。[②] 沈卓（2018）具体针对城市广播电视台提出了在移动传播格局下的发展路径，积极运用本土优势，增强和受众之间的互动，对经营模式进行完善，构建城市综合平台，拓展内容传播渠道，并结合受众的实际需求对经营策略进行及时的调整，从而在市场竞争中处于优势地位，推动自身的良性发展。[③] 王丽（2018）以央视和各省级电视台近年来的新闻创新作品为例，从强化传受双方交互传播、降低报道视角、加强新闻解读、丰富新闻表达元素四个方面，探讨新时代电视新闻内容创新与突破之道。[④] 徐丹等（2018）从"牵妈妈的手"专题报道出发，提出了对主流媒体在移动时代的深度融合与效果深化具有一定的参考意义的"3I"模式：受众被告知、激发，产生互动，从而取得了涵盖认知、态度、行为三个层次的立体传播效果。[⑤] 对于广播新闻节目生产，刘锦岳等（2019）认为，在"移动优先"的理念下，广播新闻节目生产应该从新闻篇幅更加短小凝练、新闻表达更加突出关键信息、新闻提要更加追求创新、新闻时效更加追求同步、节目编排更加强调张弛结合、

---

① 匡文波：《移动互联下的内容生产规律与传播规律》，《新闻与写作》，2018 年第 7 期。
② 吴占勇：《跨屏困境与路径重组：移动互联时代电视媒体的融合发展与创新》，《中国电视》，2019 年第 2 期。
③ 沈卓：《论移动传播格局下城市广播电视台发展路径》，《新闻传播》，2018 年第 21 期。
④ 王丽：《移动传播时代电视新闻内容创新探析》，《今传媒》，2018 年第 26 卷第 10 期。
⑤ 徐丹、白慕豪、张梓轩：《移动时代的融合传播与效果深化——从"牵妈妈的手"专题报道看"3I"模式》，《新闻战线》，2018 年第 13 期。

新闻评论更加"微言大义"等方面进行改革，推动传统媒体和新兴媒体融合发展，探索打造新型主流媒体的路径。①

四、移动传播的受众研究

在当今移动化、碎片化的阅读趋势和收看模式中，传统媒体不仅要强化移动优先意识，加大移动传播力度，还要充分了解网民的社交互动需求，探寻当代年轻人趋同求异的心理特征，在不断推出的个性化原创内容中，增强自身在新媒体平台的品牌认同感（杜泽壮等，2018）。因此，对于移动传播时代受众群体的研究也十分重要。

何其聪、喻国明（2014）（2015）将发展心理学中的自我同一性发展框架和社会系统理论框架结合在一起，为移动互联时代媒介接触行为的研究建构了新框架，②并在"时间—地点—关系—伴随活动"四个维度上，对受众的媒介接触行为进行了分析研究，从而做出了移动阅读也许可以挽救以图文为主要内容的纸媒未来的预测。③王贵斌（2017）指出移动传播以及虚拟社交网络的普遍应用，增长了公众和政府的信息传播能力。移动社交的广泛应用时代，是一个密集网络连接的时代，公共舆论的社交传播增加了参与者与政治机构的直接联系，并且因为网络连接的复杂性，从而加速了公众彼此联结的可能。移动传播的公共舆论只不过是现代公共舆论的一个构成，因此加强了对政治机构的监督。④吴占勇（2018）则将移动互

---

① 刘锦岳、刘玉军：《"移动优先"对广播新闻内容生产的影响》，《中国广播》，2019年第2期。

② 何其聪、喻国明：《移动互联用户的媒介接触：行为特征及研究范式》，《新闻记者》，2014年第12期。

③ 何其聪、喻国明：《移动传播时代：纸媒二次崛起的机遇——"移动互联网时代中国城市居民媒介接触状况"数据解读》，《出版发行研究》，2015年第7期。

④ 王贵斌：《移动传播时代的公共舆论生产秩序》，《现代传播（中国传媒大学学报）》，2017年第39卷第1期。

联用户的接收总结为场景化、关系化、消费化三个特征。①

五、移动传播的具体媒介形态及其他研究

在移动传播时代，传播领域不断延伸，移动传播在移动阅读、移动社交、移动视频、移动资讯等领域取得了显著成效，并且不断开拓出新的发展领域。因此，对具体媒介形态的研究也是学者们关注的一大焦点。

王培志（2017）认为H5场景化视频化创新引领了移动传播新风向。创造性地运用场景视频，给H5这一移动传播新形态增添了魅力，引领着移动传播发展新的风向：浸入式场景让用户身临其境；"竖着拍竖着看"更符合用户习惯；抠像技术、模拟AR融入场景让移动传播更生动形象。

短视频近年来发展得如火如荼，也是学者们最为关注的媒介形态。移动传播为竖屏发展提供用户基础，曹晚红等（2018）结合具体案例，就目前国内竖屏资讯类短视频的兴起、现状、发展瓶颈与未来趋势进行分析，以期为短视频行业的健康发展提供参考与建议。② 陈珏（2018）以梨视频为个案进行研究，剖析了移动传播时代资讯类短视频的发展特点与问题。③ 李淼（2019）认为视频化是移动新媒介发展的趋势。近年兴起的短视频社交热进一步革新了新媒介生态。作为一种社交化生产的融合媒介，短视频在社交网络中缘起、发展与扩散，实现媒介文本层面的全媒介化，同时在媒介实践层面的短视频社交，使短视频向社会各层面融合延伸，深层次嵌入全社会传播网络中。未来短视频或将成为全社会基础性架构与媒介

---

① 吴占勇：《跨屏困境与路径重组：移动互联时代电视媒体的融合发展与创新》，《中国电视》，2019年第2期。

② 曹晚红、丁蓉：《竖屏资讯类短视频的瓶颈与趋势分析》，《东南传播》，2018年第10期。

③ 陈珏：《移动传播时代资讯类短视频的发展特点与问题》，《新闻世界》，2018年第1期。

语言。①

在移动传播时代，对媒体确立一套新的科学的评价体系也十分重要。评价体系的确立能对媒体的移动化转型提供有力的帮助和促进作用。杨淑娟等（2014）以《中国媒体移动传播指数报告2014》中的纸媒移动传播评价指标体系作为研究对象，阐述其建立过程，探讨其科学性与局限性，并提出了一些完善建议，探讨如何科学评价主流媒体的影响力。②

移动传播带来了媒介生态的变化，改变了媒介生产的方方面面，也为高校媒介教育改革指明了新风向，因此对教育模式的反思也得到了学者的重视。但日益变化的媒介环境却对从业学生提出了新的要求，新的就业环境要求学生能够适应未来不同的、充满诸多变化的媒介工作，所以旨在培养多元化的全媒体复合型人才的媒介教育改革势在必行。马梅等（2019）认为新的媒介环境对媒介教育的人才培养模式、人才培养目标、课程设置等方面都提出了新的要求，提出了一些媒介教育改革的探索路径：结合产学研用，以实践反哺教学；融合社会资源，补充教育短板；优化师资队伍，构建融合型教师团队；融合专业特长，适应媒介生产需要。③

六、移动传播研究存在的问题

从上述国内关于移动传播的研究来看，对于移动传播的研究已经有了一定的成果。总结来说，从研究方法上来看，对移动传播的研究主要采用定性分析，其次是采用个案分析对媒介的移动传播的实践经验进行探讨，

---

① 李淼：《数字"新视界"：移动短视频的社交化生产与融媒传播》，《中国编辑》，2019年第3期。

② 杨淑娟、向安玲、沈阳：《如何科学评价主流媒体的影响力——以〈中国媒体移动传播指数报告2014〉的纸媒移动传播评价指标体系为例》，《新闻与写作》，2014年第10期。

③ 马梅、王潇然：《移动传播环境下的媒介教育改革》，《陕西理工大学学报（社会科学版）》，2019年第37卷第1期。

再次是采用定量分析对移动传播的传播效果进行研究。从研究内容上来看，主要包括移动传播概念辨析、移动传播的特点与影响研究、媒体的移动传播策略研究、移动传播的具体媒介形态研究、移动传播的受众研究、移动传播的传播效果评价体系研究及移动传播与媒介技术教育等。但目前的研究成果依然存在一些不足和问题，主要体现在以下几个方面。

第一，研究成果存在同质化问题。虽然我国移动传播研究成果在近几年猛增，也产生了一些有深度、具有开创性、拥有真知灼见的研究成果，但仍存在一些研究成果是基于追随研究潮流完成的，在观点上人云亦云，甚至存在一定程度的同质化现象。因此研究成果虽然多，但真正高质量、高水平、具有开创性的成果还比较少。

第二，研究存在微观性问题。对于移动传播的研究大多局限于对某一类型的媒体该如何进行移动传播的讨论，缺乏整体性的考量。在移动传播影响整个传播格局和社会关系结构的背景下，对移动传播的研究应该增加宏观层面的考量，如应树立法治思维，重视移动传播的秩序问题。

第三，研究层次欠深，缺乏理论深度。很多研究者都是一线的媒体人，丰富、与时俱进的传媒实践工作使得他们对移动传播有着最直观的体会与经验，但往往其研究成果缺乏理论支撑，表达的严谨性也有待提高。

第四，研究具有短板，一些领域的研究有待补充。虽然近年来我国的移动传播研究成果越来越丰富，但具体研究的领域还比较集中，重点集中于对传播策略的研究，对于评价体系、媒介技术教育改革等具体领域的研究还有待进一步扩充。特别是对于移动传播中具体媒介形态的研究，大都追随这两年的行业热点对短视频进行研究，对其他媒介形态的研究还有所欠缺。

第五，研究缺乏前瞻性。"研究跟着实践走"是众多研究领域存在的普遍现象。再加上随着传播技术的飞速发展和媒介产品的层出不穷，我国的移动传播研究不可避免地存在一定的滞后性问题。研究者应该紧跟移动传播的发展步伐，甚至应该以更具前瞻性的眼光看待移动传播研究，使移动传播的研究成果更加与时俱进。

七、移动传播研究可拓展的领域

随着媒介技术的不断发展与创新，互联网、智能终端与各类应用软件不断普及与再升级，移动传播已经成为最吸引用户、受众最广的传播形式之一，因此对于移动传播的研究得到了越来越多学界和业界人士的关注和投入。近年来，我国移动传播研究主要呈现出以下趋势。

研究数量呈现递增趋势。以发表年度对移动传播相关的研究成果进行分组可以发现，2012年到2016年期间，研究成果逐年递增且增长速度迅速，研究成果大量出现，移动传播的相关研究数量在2017年有所回落，但自2018年起又开始呈现增长趋势，预计在未来几年内，随着移动传播的发展和运用，移动传播的相关研究数量还将继续呈现增长趋势。

研究内容呈现多样化、细分化趋势。在2012年到2016年期间，移动传播研究的内容主要集中在移动传播的概念、特点、影响、策略以及受众方面，研究内容较为集中，并且研究多针对时下整个移动传播领域，研究内容尚未形成细分。自2017年起，移动传播的研究内容除了对上述研究内容的延伸与发展外，出现了对于移动传播的具体媒介形态、移动传播环境下的媒介教育改革以及与移动传播相关的其他研究内容，研究内容呈现多样化，且多样化趋势愈加明显。与此同时，移动传播相关研究内容开始呈现细分化的趋势，从以整个移动传播领域为研究对象到针对某个具体移动媒介进行研究，从研究移动用户的媒介接触行为到针对某一具体传播领域的受众心理或受众行为，从研究一类媒体的移动传播策略到研究某一媒介品牌、某一次传播活动的移动传播策略，研究的切入点越来越小，研究内容逐渐呈现细分化趋势。

　　研究热点随移动传播的发展而变化。随着移动互联网技术的进步与智能硬件设施的研发，移动传播环境在不断变化，移动传播的形式与渠道日趋多样、内容不断创新与多样、对社会的影响及受众的心理与行为也在发生变化，移动传播的热点也在随之发生改变。以对移动传播具体媒介形态的研究为例，研究热点经历了从微博、微信到 H5 再到短视频的三个发展阶段，随着媒介技术的发展，新的媒介形态的出现及应用将带来新的研究热点。在移动传播研究的其他领域也是如此，研究者时刻关注着移动传播的现实变化，研究热点也就随之而不断改变。

第三节　我国移动传播的发展现状

　　当前，国内移动传播初步形成了移动社交、移动阅读、移动音频、移动视频以及移动新闻等主要领域，并各具特点。在未来，移动传播将继续在科学技术的引领下，不断实现形态更迭，并形成以内容与社交为重点的竞争态势，在与其他传播形式的博弈中，实现自我发展。

　　根据《世界互联网发展报告2020》显示，2020年全球互联网用户数约为45.4亿，普及率达59%，比2019年增长了近3亿。[①] 随着移动互联网络硬件设施与智能设备的普及化，使用移动互联网的用户保持增长的态势，相对应的移动互联网服务应用也持续创新，满足人们在工作、生活、娱乐等多领域的需求。

　　在此背景下，信息生产与传播机制也发生了深刻变化，并重新塑造了原有的传播格局，衍生出移动传播。移动传播的诞生与发展延伸并拓展了

---

① 中国互联网协会：《世界互联网发展报告2020》，2020年11月23日，http://china.cnr.cn/xwwgf/20201123/t20201123_525339705.shtml。

人与物、人与人之间的交叠性与互动性，打破时空限制，实时联通现实世界与网络虚拟空间，推动海量信息的数字化、移动化、个性化传播，实现真正意义上的传播权利大众化，其对社会政治、经济与文化价值等方面产生深远的影响。

2014年8月，中央全面深化改革领导小组通过了《关于推动传统媒体和新兴媒体融合发展的指导意见》。习近平总书记强调，要推动传统媒体和新兴媒体的深度融合。作为新兴媒体的重要组成部分，以手机为代表的移动媒体已经成为日常传播的基本配置，其所推动的移动传播也日渐成为当前传播格局中的主流方式。在学界，移动传播领域的研究日渐兴起，但多是集中于单独的移动新媒体或技术研究，尚未形成针对移动传播现象自身的研究态势。

一、移动传播的概念界定与特征

移动传播的重要表现之一便是传者、受者与传播媒介能够满足物理移动的传播状态。在20世纪末，借助移动终端设备与交通工具便衍生出了移动传媒的早期发展形式，如车载广播、公交移动电视等，空间位置改变所形成的传播流动构成了早期移动传播的雏形现象。但这种移动传媒多是满足信息接收者与传播媒介的移动，并对信息接收者的接收条件进行了限制，即信息接收者在进入媒介所在的空间如某交通工具后才能够进入移动传播的状态。对于此类移动传播，国内外已经有大量文献进行相关研究，本书不再过多展开描述。

自从电话开创了个人虚拟移动时代后，电话、互联网和移动通信（手机、无线电脑）构成的虚拟传播取得与人的物力传播同样的发展速度，互联网则构成"社会生活流体化的隐喻"。① 目前，国内外针对手机传播的研究日渐成熟，手机被认为是"人们的形影不离的'影子媒体'"②，其对物理空间结构、人与社会的互动关系等多方面产生影响。以手机为主的移动终端与互联网结合发展基本上满足了传者、受者与传播媒介三者同时移动的传播状态。手机传播的兴起从真正意义上开启了移动传播时代的变迁，但手机传播仅属于本书所讨论的移动传播的组成部分，并不能完全等同于移动传播。本书将主要探讨连接互联网的移动终端所形成的移动传播现象。

移动传播中的"移动"，实现了媒体、用户、信息等多元素的动态运动，更重要的是由上述各部分共同组成的跨越物理空间与社会互动的社会情境与语境③。根据新闻传播学大辞典，传播被认为是：人类交流信息的一种社会性行为，其也可以被理解为是信息共享，或有意图地施加影响，抑或是信息交流的互动过程。

综上所述，本课题的"移动传播"主要是指：依托移动互联网与移动终端，实现信息实时共享与交换的一种传播行为与过程。其同时实现了传者、受者与媒介的空间可移动性，并打破了以往时间与空间对传播的限制，实现信息随时随地的互动性与个性化传播。移动传播的发展直接影响了从传播观点到传播技术、传播渠道与体系等多方面的创新建构。

在此基础上，移动传播主要具有生产多元化、传播即时化、社交互动性高等主要特征。

（一）多元内容生产者共享海量信息

与传统的大众传播相比，移动传播最关键的特征在于，相对于移动

---

① John Urry. Sociology beyond Societies：Mobilities for the Twenty-first Century. London，Routledge，2000.
② 匡文波：《手机媒体的传播学思考》，《国际新闻界》，2006年第7期。
③ 邹军：《移动传播研究：概念澄清与核心议题》，《新闻大学》，2014年第6期。

用户来说，像媒介组织这样的社会机构作为信息生产和分发者实现了后台化和隐身化。[①]媒介组织并不再像以往更为强势掌握传播公权利，相反，借助移动互联网与智能设备的发展，移动传播打破了以往大众传播权利被媒体掌控的局面，用户、自媒体、人工智能等开始成为移动传播的主力军。

在移动传播的内容生产中，传者与受者之间的界限已经不再明显，任何个体或组织在扮演受者的同时也可能成为传者。可以说，移动传播彻底颠覆了传统大众传播一对多的传播模式，以及大众传播媒体为主体的传播模式，从而形成从真正意义上实现将传播赋权于大众自身，实现不固定的点对点、点对面、面对面传播。

（二）突破时空限制实现即时传播

在移动传播过程中，"一切物体都可成为终端，一切情境都可生产可消费，移动终端的便捷性决定了信息的生产和消费是完全跨越时间和空间的"[②]。打破时间与空间的限制，实现信息随时随地的互动传播已经成为当前移动传播的主要特征之一。借助互联网与移动终端，个体与组织被置身于世界范围内的信息网络中，人与人、人与社会之间的空间距离感与时间感被淡化。

用户不再受制于以往传统纸媒的版面限制与电视媒体的时间限制，可以在第一时间获取想要了解的信息。同时，大数据、网络云端等技术使得以往难以保存的信息均得到有效存管，用户可以随时随地获取过去的信息。

---

① Ran Wei, Mobile Media: Coming of age with a big splash. Mobile Media & Communication, 2013, 1 (1).

② 强荧、焦雨虹:《移动传播浪潮中主流媒体的坚守与创新》,《文汇报》, 2017年2月19日。

（三）多向互动模式细化传播类型

在移动传播中，社交媒体的兴起与发展为用户搭建了多向互动交流信息的平台与桥梁，其能够随时随地帮助用户接收或发出反馈信息，从而实现了一对一、一对多、多对一、多对多等不同的互动模式。这种多向互动性是传统大众传播所难以具备的特点与优势。在互动与社交中，用户避免了被动接收，并进一步掌握了传播的权利，而根据用户的反馈信息，媒体组织或企业也能够分析出用户喜好偏向，及时推送相关信息，从而提高信息的到达率，实现精准传播与分众传播。可以说，移动传播作为当前的基础传播，其在发展过程中也逐步演化出多种更为细化的传播模式与类型，为其带来发展的可能，丰富了信息传播体系。

二、我国移动传播的发展格局

2020年，移动互联网接入流量消费达1656亿GB，比上年增长35.7%。其中，手机上网流量达到1568亿GB，比上年增长29.6%，在总流量中占94.7%。[①]可以说，在移动互联网技术的支持与推动下，中国已经发展成为移动互联网大国，其相应的移动传播也因此得以拥有肥沃的发展土壤。当前，中国移动传播在移动社交、移动阅读、移动音频、移动视频以及移动新闻资讯等主要领域均取得了巨大的发展成效。

（一）移动社交：推动传播泛社交化

根据第47次《中国互联网络发展状况统计报告》数据显示，截至2020年12月，中国网民规模达到9.89亿，其中手机网民规模为9.86亿，网民中

---

① 中国工业和信息化部：《2020年通信业统计公报》，2021年1月22日，https://www.
miit.gov.cn/jgsj/yxj/xxfb/art/2021/art_f2e9a4844b964586bfea3977c2e1baf2.html。

使用手机上网人群占比为99.7%。[①] 使用移动终端用户数量的积累为中国移动社交应用程序的发展奠定了扎实的用户基础。

以用户个体需求为导向的移动社交对传播去中心化起到推动作用，其能形成以某个体为中心的传播圈层，使得任一网络节点均可成为传播中心，用户得以有效实现平等对话与传播的权利，移动社交应用开始日渐成为公众分享意见、经验与观点等信息的工具。2020年，即时通信应用网民使用率为99.2%，年增长率为9.5%。[②] 在强势发展独立平台的同时，移动社交也已经被开发为不同程序的内置服务，如在新闻客户端开设互动与留言专栏，传播泛社交化趋势日渐明显。

不同于以往的大众传播，泛社交化传播所形成的强关系将成为传播主体在移动互联网时代重点争夺的资源之一。通过互动社交，这种强关系能够有效增强用户对传播主体的黏性，从而帮助传播主体培育较为稳定的传播社群，继而搭建完整的传播链条，并在此基础上开发相关盈利点，在竞争激烈的移动传播环境中保持竞争力与优势。因此，随着移动社交的持续发展，传播泛社交化将成为未来中国传播发展的重要走向。

（二）移动阅读：行业内部竞争白热化

2019年1月至2020年2月，移动阅读APP的月活跃用户，掌阅领跑，月活达到5974.97万人，QQ阅读和咪咕阅读紧随其后，分别达到5027.66万人和3497.63万人。[③] 我国移动阅读行业内部竞争呈现出白热化的趋势。

作为较早顺应碎片化传播趋势的形式之一，在经过互联网巨头纷纷入

---

① 中国互联网络信息中心：第47次《中国互联网络发展状况统计报告》，2021年2月3日，http：//cnnic.cn/hlwfzyj/hlwxzbg/hlwtjbg/202102/P020210203334633480104.pdf。

② 同①。

③ 易观：《中国移动阅读市场年度综合分析2020》，2020年4月28日，https：//www.analysys.cn/article/detail/20019738。

场开展兼并与收购后，中国移动阅读市场已经基本完成通过内容与渠道积累用户数量的阶段，开始了争夺IP内容资源的竞争态势。同时，随着移动阅读市场的成熟以及监管严控趋势加强，移动阅读应用逐步转变粗放型经营为注重内容品质、实现深度运营的精细化耕作模式，并在此基础上充分挖掘内容IP，打造泛娱乐全产业链。如2018年，阿里文学推出HAO计划，它是与优酷以及阿里影业联合启动的扶植精品作品，打造超级IP的项目，并结合A计划扶植全球青年影视人才。阿里文学通过向A计划输出IP，促进影视衍生。

在碎片化阅读时代，不少自媒体借助微信公众号、微博等渠道不断开发"微移动阅读"的新阅读形态，并在此基础上持续开发UGC（专业内容生产）、PGC（用户生产内容）等不同生产主体的内容产品。国内的"微移动阅读"付费趋势日趋明显，一些优质内容在实现前期用户积累后，开始探索会员付费、打赏等多种付费模式。

（三）移动视频：技术推动下进入发展红海

在移动互联网时代，持续降低的网络资费与稳定快速的网络环境都为移动视频的发展提供了机遇。截至2020年12月，中国网络视频（含短视频）用户已经达到9.27亿。[①]以手机为主体的移动端已经成为网络视频的主要入口。随着新技术的持续推动，移动视频领域如短视频、移动直播等形式相继成为投资风口，开启移动视频的新红海。

在用户注意力日渐成为稀缺资源的今天，在短时间内获取用户关注并保持用户黏性成了当前传播市场的竞争核心。兼具动态图文、视频与视频信息的短视频能够在短时间内吸引用户，从而成了当前盛行的主流传播形

---

① 中国互联网络信息中心：第47次《中国互联网络发展状况统计报告》，2021年2月3日，http://cnnic.cn/hlwfzyj/hlwxzbg/hlwtjbg/202102/P020210203334633480104.pdf。

式之一。传统媒体与互联网公司开展合作以及自媒体团队打造的短视频平台在丰富了资讯形式的同时，也为传播形式的革新带来了新的风潮。而抖音、快手等随手拍摄短视频的应用程序也为用户生产提供了广阔的平台。

移动直播平台在资本的倾斜下也获取了长足发展。移动直播APP既实现了内容生产者随时随地生产内容的要求，同时也满足了用户能够打破时空限制接收信息的需求，在真正意义上实现了较为彻底的移动传播。在2020年两会期间，多家主流媒体同时开通了移动直播平台，采用"5G+4K/8K+AI"等先进技术进行沉浸式报道，打破屏幕限制，实现多个端口同时传送。如人民网获得2018年中国新闻奖特别奖的《两会进行时》进一步扩大覆盖面，实现21家终端同步直播，为用户提供全程报道。

（四）移动音频：多元矩阵呈现差异化发展

在传统媒介中，广播作为具备强移动性的载体在一定程度上突破了地理空间的限制。而移动互联网的发展使得广播重获新生，并成为当前传统广播电台发展的重要路径。与此同时，移动网络音乐、有声读物等音频内容也获得了爆破式发展。移动音频领域内部资源日渐丰富，矩阵日渐多元化，并呈现出稳中求异的发展态势。

在传统广播的基础上，不少移动电台采取了PGC与UGC的方式，其涉及经济、时政、国际、娱乐等多领域，更为丰富的音频内容被开发，移动电台内容日渐呈现出长尾化特征，满足不同用户的多元化需求。伴随着内容日渐丰富的音频，各大移动音频APP在其领域快速发展的同时，也逐渐开始探索特色发展路径，寻求差异化竞争力。如"荔枝FM"始终坚持UGC生产，将用户互动社交作为平台特色，实现语音直播与打赏付费；而"蜻蜓FM"则侧重于PGC生产模式，打造专业内容等。

与此同时，不同移动音频APP均开设了订阅点播的方式，帮助用户打破以往广播内容难以存储的困扰，实现个人化的移动传播。

（五）移动新闻资讯：整合资源推动媒体转型

移动智能终端的涌现也对新闻资讯信息的呈现与传播方式以及用户的接收方式产生了深远影响。截至2020年12月，手机端网络新闻用户规模达到7.41亿，占手机网民的75.2%。[①] 互联网新闻已成为网民高频使用的基础类网络应用。

为适应当前新闻资讯的移动化传播趋势，《关于推动传统媒体和新兴媒体融合发展的指导意见》《关于进一步加快广播电视媒体与新兴媒体融合发展的意见》等国家指导性政策相继出台，国内各级媒体在整合现有媒介资源的基础上，积极布局新媒体领域，在实现信息多元化传播的同时，也在新闻领域掀起了一场移动化变革。一方面，传统媒体集团重新整合并规划内部采编力量与传播渠道，实现"一次采集，多元分发"，形成侧重点不同的新闻报道形式，为用户提供全面解读；另一方面，传统媒体集团积极开展与科技公司、互联网公司的合作，推进优势资源珠联璧合，扩宽传播覆盖面。

不同移动传播的内容领域与形式相互渗透，移动传播内部边界日渐模糊，交互式、多元化的移动传播格局逐渐兴起。

在移动传播的环境中，所有联网用户共同构成了基于移动互联网的网络社会，人与人之间可以凭借共同的兴趣重新建立新的社会关系，形成网络社群。"在云计算中，人与人之间，恢复了部落社会才有的湿乎乎的关

---

① 中国互联网络信息中心：第47次《中国互联网络发展状况统计报告》，2021年2月3日，http://cnnic.cn/hlwfzyj/hlwxzbg/hlwtjbg/202102/P020210203334633480104.pdf。

系——充满人情、关注意义、回到现象、重视具体。"[①] 移动传播打破了时空限制的同时，也对原有的社会运行与人际关系产生了影响，其重新塑造了人际传播、群体传播、大众传播等形式，并借用社交、移动等要素形成具有高黏度且交错复杂的传播关系，搭建了"湿黏"的传播环境，增强人与人之间的联系。

[①]　［美］克莱·舍基著：《未来是湿的：无组织的组织力量》，胡泳、沈满琳译，中国人民大学出版社，2009年版。

第二章

移动传播发展影响

第一节　移动传播背景下青年生活方式的嬗变

近年来，随着即时通信、在线视频、手机游戏等新兴产业的发展和广泛应用，移动互联网获得了突飞猛进的发展，深刻地影响着当代人的生活方式。根源于移动互联网的蓬勃发展，有关移动互联网与当代青年生活方式改变的关系探讨持续升温。本节从移动互联网普及背景下青年接触互联网的状况入手，分析移动互联网对当代青年生活方式的积极和消极影响，针对青年如何正确使用移动互联网提出了对策和建议，以引导青年有效规避不良风险，正确使用网络资源。

在新传播新格局中，移动互联网带给人类的"不是漂亮的羽毛，而是飞翔的羽翼"，其蕴含的巨大潜能一览无余。随着网络硬件设备与资费下调，中国网民规模进一步扩大，根据第47次《中国互联网络发展状况统计报告》显示，截至2020年12月，中国网民规模达9.89亿，互联网普及率达到70.4%，其中手机网民规模达到99.7%。[①]移动互联网成为人们生活必不可少的一部分，为用户带来在消费、社交、教育等方面的新改变，并运用数字化技术演化出虚拟生存空间，渗透到用户工作与生活的各方面。

互联网的快速发展不断推动着共享经济、虚拟社交等网络形态生活

[①] 中国互联网络信息中心：第47次《中国互联网络发展状况统计报告》，2021年2月3日，http://cnnic.cn/hlwfzyj/hlwxzbg/hlwtjbg/202102/P020210203334633480104.pdf。

方式的发展，为社会发展带来一场裂变式革命，催化着互联共享时代的到来。"青年的价值取向决定了未来整个社会的价值取向，而青年又处在价值观形成和确立的时期，抓好这一时期的价值观养成十分重要。"[①]作为社会主流，成长在数字化环境中的青年一代在思想意识、价值观念等方面深受移动互联网的影响，受惠于互联网所带来个人层面与社会层面的发展机遇，与此同时，也面临着移动互联网所带来的挑战与问题。

一、移动互联网对青年生活的影响

生活方式包括物质与精神两个方面。物质生活方式可分为劳动时间与闲暇时间中的物质生活，包括为自身存在、享受或发展而从事的活动；精神生活方式则囊括个人在各种伦理关系中过的精神生活。[②]移动互联网打破时间与空间的限制，使用户可以借用 PC 端与移动端等实现信息共享，在不断丰富人们物质生活方式的同时，也对人们的精神世界产生了深远影响。

（一）依托智能应用，开启"全网式"生活

移动互联网的快速发展为商业应用带来了蓬勃发展的契机，为青年群体提供在线购物消费、医疗服务、日常交通、休闲娱乐等方面的生活服务。依托手机运营商与应用开发商研发的海量智能软件，青年用户从根本上革新了父辈一代的基本生活方式，开启了"全网式"生活模式。

无论是课业繁忙的在校大学生还是刚进入工作岗位的从业人员，日常学习与工作占据其大量时间，难以有充足的时间进行实体购物消费，而网

---

① 人民网－中国共产党新闻网：《这些年，习近平总书记对青年的青春寄语》，2016年5月4日，http://cpc.people.com.cn/xuexi/n1/2016/0504/c385474-28323342.html。

② 于光远：《社会主义建设与生活方式、价值观和人的成长》，《中国社会科学》，1981年第4期。

购 APP 的出现则以迅速便捷、品种齐全、选择空间大等优点获得不少青年用户的青睐。截至 2020 年 12 月，中国手机网络购物用户规模达到 7.82 亿，占手机网民的 79.1%。[①] 以淘宝、京东为代表的手机购物 APP 很快在青年群体中走红。此外，网上外卖、网络支付、旅行预订、网络约车等都为青年用户提供了全新的消费方式与平台，打破了传统意义上的实体消费，网络购物消费日渐繁荣。

城市的快速发展不断打破区域性的地域界限，消费水平的提高使得人们开始了对陌生领域的探索。无论是定位搜索还是路程导航，手机地图与导航取代了以往厚重的纸质地图，成为旅行居家的必备，其在 2016 年使用率达到 62%[②] 互联网医疗信息查询、网上挂号、政务办公等都成了用户提高日常生活效率的新选择。

飞速发展的社会经济在为青年提供更多机遇的同时，也使得青年的生活节奏越来越快，学习和生活的压力也越来越大。随着 4G 网络的普及，网络游戏、移动视频直播、网络音乐等娱乐应用的兴起为青年缓解日常压力带来了全新选择，借助移动互联网，手机等移动设备得以实现随时随地满足用户的娱乐需求的目的。截至 2020 年 12 月，我国手机网络游戏、网络视频用户规模分别占手机网民总数的 52.4%、93.7%。[③]

移动互联网与智能应用的结合为青年基本生活带来了更为便捷的全新选择，改变了传统意义上的基础生活方式，使得"全网式"生活成为一种常态。

---

① 中国互联网络信息中心：第 47 次《中国互联网络发展状况统计报告》，2021 年 2 月 3 日，http://cnnic.cn/hlwfzyj/hlwxzbg/hlwtjbg/202102/P020210203334633480104. pdf。

② 中国互联网络信息中心：第 39 次《中国互联网络发展状况统计报告》，2021 年 2 月 3 日，http://www.cnnic.net.cn/hlwfzyj/hlwxzbg/hlwtjbg/201701/ P020170123364672657408.pdf。

③ 同①。

（二）紧抓"互联网+"，探寻发展新契机

麦克卢汉认为，媒介是社会发展的基本动力，每一种新的媒介的产生都开创了人类感知和认识世界的方式，那么移动互联网也必然会改变人类认识世界的方式，增强人类获取信息的能力。与需要课堂学习的中小学生不同，当代青年拥有较多的业余时间和自主学习的机会，如何有效地拓宽自己的知识面成了一大难题。移动互联网的普及则为他们提供了一个获取信息和知识的广阔平台，其不仅符合当今信息时代青年人较快的生活节奏，而且改变了传统的学习方式，丰富了他们的信息量，提高了他们的学习效率。同时，互联网学习提供的图片、视频的形式也极大地培养了青年学生的学习兴趣，从而促进了他们的自主学习。

随着网络教育和授课形式的不断发展，参与课程的青年学生随时随地都可以通过手机打开移动互联网，观看老师的授课视频或者与老师进行在线交流。网易公开课、新浪公开课等网站也推出了免费的名校教师的教学录像和课件，使对名校怀有憧憬的青年可以在自己学习和生活的城市聆听到名校名师的讲座和授课，切身体会名师风采。截至2020年12月，中国手机在线教育用户规模为3.41亿人，手机在线教育用户使用率为34.6%。[①]随着中国经济的转型升级，人才结构性矛盾越来越突出，高层次技术技能型人才的数量和结构远不能满足市场需求，在线职业教育仍是一片待开发的蓝海。

此外，在平常的学习生活中，青年学生可借助百度、搜狗等搜索引擎直接搜索，探寻答案，或借助百度知道、新浪爱问、知乎等分享平台进行提问。电子书、在线翻译、在线计算等软件的出现都使青年群体无论何时

---

① 中国互联网络信息中心：第47次《中国互联网络发展状况统计报告》，2021年2月3日，http://cnnic.cn/hlwfzyj/hlwxzbg/hlwtjbg/202102/P020210203334633480104.pdf。

都可以通过移动互联网学习，提高自己的学习效率。

在提高自身发展的同时，快速发展的移动互联网行业也已经成为吸纳青年就业的重要领域，为青年用户提供更多发展机遇。云计算、大数据等高新技术不断衍生出如电子商务、自媒体产业、电子智能等新兴互联网产业，其中所蕴含的劳动力需求为广大青年用户提供了海量就业岗位与创业机会，如对多家购物网站内容进行整合的第三方购物软件和在自己朋友圈做起生意来的"微商"都获得了很大的发展。"微商"的出现更是使青年群体的身份由购买者转变为售卖者，并且获得了收益，许多青年人纷纷走上了"微商"之路。与此同时，"互联网＋"与传统行业的融合不断推动着企业转型发展，也为青年用户提供了更多机遇。

（三）打造新型"微社群"，实现个性化发展

在移动传播格局中，网络虚拟性、高度自由以及多维互动赋予了社交新意义。微型社会群体开始发展，其去中心化的主体交往实质上是传统社区在网络上的延伸，打破原有的地域限制。而它的发生来自虚拟空间上有足够的人、足够的情感，以及人际关系在网络上长期发展。[1]依托微信、微博等能够满足即时通信的社交软件与平台，青年群体使用即时通信软件可以实现打破时空限制的互动交流，与分布在世界各个角落的好友聊天，或进行面对面视频。虽然成员没有明确的群体意识或社区意识，但是人们并不是在一个孤立的环境中进行点对点传播，而是处在一个由许多人际关系链条构成的社会网络中。[2]这种叠加的人际链条将进一步塑造属于青年用户的个性化"微社群"。

---

[1] Rheingold H. The virtual community: Homesteading on the electronic frontier. MIT press, 1993.

[2] 彭兰:《网络社区对网民的影响及其作用机制研究》,《湘潭大学学报》,2009年第4期。

伴随着"微社群"的发展，微信朋友圈、QQ 空间等即时通信工具所衍生出来的社交服务也成为青年群体展现自我的平台，用户使用率分别高达85.1%、47.6%[①]。青年人可以借助网络社交软件搭建起展现自我的虚拟空间，分享自己的心情状态与日常生活，构建出自己想要展示在别人面前的一个形象。移动互联网的匿名性使得不少青年人选择在网上倾诉自己的心声，释放自己的压力，展示与日常生活中不同的一面。

移动互联网实现了人与人之间突破时间、地域、身份的交流，与好友的交流、信息共享和意见讨论扩大了青年群体社交范围的同时，也促进了用户的个性化发展。

二、移动互联网对青年生活的挑战

"我们个体和集体存在的所有过程都直接受到新技术媒介的塑造。"[②]作为较早接触互联网的一代，移动互联网不断革新着当代年轻人的生活方式，为其提供更为便捷的生活服务，但与此同时，新技术如同一把双刃剑在提供便利的同时，也给青年人带来一定的网络安全隐患。而长期沉迷于网络环境也容易使得青年人过度依赖移动互联网，并诱发网络亚文化的产生，对其价值判断、意识形态产生不同程度的影响。

（一）过度依赖，网络安全风险高

互联网安全早已突破原有的技术范畴，日渐发展并涉及国家政治、经济、社会、文化等多个领域，越来越多地与个人隐私、权益相联系。伴随

---

① 中国互联网络信息中心：第45次《中国互联网络发展状况统计报告》，2020 年 4 月 28 日，http://www.cnnic.net.cn/hlwfzyj/hlwxzbg/hlwtjbg/202004/P020200428596599037028.pdf。

② ［美］曼纽尔·卡斯特：《网络社会的崛起》，夏铸九等译，社会科学文献出版社，2006 年版。

着移动互联网使用的日益频繁,手机、平板电脑等移动智能设备已经成为当代年轻人的主要选择,网络安全在个人使用过程中主要体现在信息泄露、植入病毒、骚扰电话等方面。

借助骚扰电话与信息进行诈骗的手机信息安全类事件不断出现。2015年全年国内用户标记举报骚扰电话达到10.8亿次,垃圾短信达到6.6亿条,其中涉及诈骗类的举报电话达到3.06亿次,短信7943亿条。①不少诈骗电话与短信经过处理伪装成网站验证电话或信息等套取用户个人信息,如何有效辨识经过伪装的诈骗电话与短信成了用户使用互联网过程中的必备技能。

用户个人信息泄露也容易受到互联网植入病毒的威胁。信息安全漏洞周报显示,仅在2020年6月22日至2020年6月28日一周时间内,信息安全漏洞达到259个,其中高危漏洞达到104个。②互联网病毒一般也被称为远程被控端,在进入用户信息系统后按照主控端指令进行个人信息与资料的收集,完成信息盗取。随着当代青年对移动互联网各类商业应用的不断挖掘与使用,其中潜藏的一些病毒软件难以被察觉,窃取个人财务信息、隐私信息如探囊取物。

当年轻人开始将自己的衣食住行都与移动互联网相连接时,信息化与数字化使得个人信息并不再像以往一样安全。只有做到保护好每位网民的信息安全,才能让网络安全真正地落地生根。

---

① 中国互联网络信息中心:《2015年中国手机网民网络安全状况报告》,2016年10月12日,http://www.cnnic.net.cn/hlwfzyj/hlwxzbg/ydhlwbg/201610/P020161012494271880676.pdf。

② 国家互联网应急中心:《信息安全漏洞周报》,2020年6月,https://www.cert.org.cn/publish/main/upload/File/202026.pdf。

（二）过度沉迷，诱发网络亚文化

20世纪，日本学者将印刷媒介和电视媒介环境中完成社会化过程的两代人进行比较，提出了"电视人"和"容器人"的概念，揭示了过度沉湎于媒介接触而不能自拔的社会病理现象。每一种新的媒介的出现和普及都容易产生相关的异常社会现象，随着移动互联网的普及，当代人的网瘾症迅速引起了社会的关注。

鉴于移动互联网设备的便携性以及社交软件、手机游戏、网络视频的强吸引力，有些自制力弱的年轻人会沉溺其中，整日混迹网络，难以自拔。目前，青年群体随身携带手机已经成为日常行为，他们将其带到其他场景中，难以专心于除手机外的所属场景。如一些大学生常常将手机带到课堂上，做课堂上的"低头一族"，甚至旷课、逃课，延误学业，不思进取，甚至产生"网络暴力症"，贻害无穷。此外，由于移动互联网可以为青年学生提供丰富信息和海量资源，有些学生在完成作业或论文时会选择直接"拷贝"和"粘贴"已有的信息，甚至直接窃取和使用他人的文章和研究报告，拼凑成自己的论文。这种抄袭行为不仅会使青年学生难以养成自主学习的习惯，而且会使他们养成严重的惰性，失去独立思考和研究的能力。

当年轻人因为某一类现象或信息而聚集时，亚文化现象便容易出现。"当在社会某一群体内部形成了既包括主文化特点又同时具备其他一些独特因素的文化集合物，形成的这种群体文化就叫作亚文化。"[①] 相对于主流文化，网络社群的亚文化常常处于边缘地位，其自身并不存在褒贬色彩。但是，进入互联网的低门槛使得海量信息缺少即时"把关人"，其中不免充斥着大量暴力、色情、封建迷信等不良信息。一些消极的网络亚文化则

---

① 刘艳、彭絮:《亚文化在信息社会中的作用》,《情报科学》,2007年第10期。

成了腐蚀青年的载体，不少缺乏信息素养的青年更容易受到影响，他们缺少分辨良莠信息和抵御不良诱惑的能力，而这些信息打着"猎奇""新鲜"的口号，吸引青年人的关注，对他们的思想和言行产生误导，影响他们正确道德观和价值观的形成。

三、青年如何规避移动互联网的风险

（一）政府：依法加强互联网建设

早在2014年，习近平总书记在中央网络安全和信息化领导小组第一次会议上就指出："要抓紧制定立法规划，完善互联网信息内容管理、关键信息基础设施保护等法律法规，依法治理网络空间，维护公民合法权益。"

移动互联网上信息良莠不齐，除了网络海量信息难以排查的原因外，还有"把关人"的缺失问题。因此政府首先要强化移动互联网上的"把关人"，针对移动互联网技术的不断发展和网络犯罪技术的不断提高，增多网络警察的人手，加快开发、更新网络监测软件，有效地对网上的不良信息进行过滤，及时净化网络环境；其次要健全和落实网络传播的法律规范，多部门通力合作，加大对互联网乱象的整治力度，"依法治网"；最后要充分利用网络媒体所形成的"全景式敞视机制"，使网络使用者被赋予的权利呈现在相互监督中，如采取一些奖励举报政策，鼓励网民对互联网上的违法犯罪行为和误导青年的不良行为进行举报，并给予一定的奖励，完善互联网风气。

（二）青年：主动规范用网行为

青年人作为国家成长起来的新一代，应该明确自己肩负的责任和义务，树立好正确的道德观和价值观，把握自己不过度沉溺于移动互联网。

首先，当代青年要加强自律，做好带头和表率作用，不仅要做到自己不沉溺于网络，不做网络的"奴隶"，而且要注意自己在网上的言行，做到不发布、不点击和勇于举报黄色暴力等不良信息，使网上的不良信息最终因缺少成长的土壤而自行消失。其次，要明确移动互联网无论可以带来多大的便利和乐趣，它都是一把双刃剑，只有去弊兴利才能充分地利用好它的优点，充分发挥其积极作用，真正地为我们所用。在使用移动互联网时，合理安排上网时间和频率，把握适度原则而不过度沉迷。此外，还要努力提升自身的媒介素养，提高辨别不良信息的能力，时刻保持清醒的头脑，抵制不良信息的诱惑，必要时勇于举报，与危害互联网风气的行为作斗争，消除移动互联网可能带来的负面影响，努力打造健康文明的网络环境。

（三）外界：正确引导青年用网

凡是对青年人承担有教育的角色，应该做到及时掌握青年人的思想动态以及精神需求，帮助他们树立好正确的价值观和道德观。根据中国国家统计局规定，15~34周岁的人为青年，其中包括一部分青少年。他们需要父母和高校有效规范其使用移动互联网资源的行为。

高校与父母要培养青少年辨别和抵制不良网络信息的能力，使他们能够时刻保持清醒的头脑，善于利用移动互联网的优点，使移动互联网为自己发挥出最大的益处，而不沉溺依赖于它，不对自己的身心造成伤害。与此同时，应该加强与青年的交流沟通，及时发现他们可能出现的问题以及思想上的困惑，并加以疏导。特别是高校应该建立健全心理咨询机制，定期开展心理知识讲座，传播心理健康知识；建立心理辅导办公室，及时解决学生沉溺网络等心理问题，帮助提高学生的心理健康能力。

作为时代发展的产物，移动互联网是人类技术进步的成果，其自身是中性的，它到底是人类的福音还是噩梦，完全取决于人类如何看待与使用。因此迷信媒介技术的"电子乌托邦"思想是不可取的，因为单纯的技术上的可能性并不能保证理想的社会形态的必然出现，"一种理想社会的到来，不仅需要技术上的条件，而且需要更为复杂的社会条件，其中包括社会结构、社会制度的合理化以及人的自身素质的提高等"。①

青年群体是祖国发展的中坚力量，肩负着重要的使命和任务。社会各界需要积极应对，针对移动互联网的各个特性，预测它可能给青年群体带来的好处和危害，做到趋利避害，使移动互联网可以真正造福青年群体。

第二节　从本土 MCN 看中国移动短视频的商业化

近年来，伴随着中国移动互联网的快速发展，在平台、内容、资本、监管、技术等内外动因共同作用下，短视频产业全面崛起，在本土 MCN 机构大举扩张中，短视频商业化进程步入快车道。MCN 起源于 YouTube，指与短视频平台合作的机构。按照维基百科的解释，MCN 通过为自媒体内容频道提供相应的服务，如产品、投资、宣传，合作伙伴管理，数字版权管理，经营变现，用户拓展等，从而获得广告分成。其作用主要是帮助内容方进行内容营销，通常很少参与内容生产。然而不同于美国，中国本土 MCN 大都是从组织内容生产开始，深度参与上游内容生产是其最显著的特点。基于对中国短视频内容生产、内容分发、平台渠道、商业营销等的全面了解，特别是对本土 MCN 深度介入内容生产等特点的观察，本节从短视频 MCN 切入研究中国短视频生产的商业化。

根据媒介经济学的理论，媒体收入来源于两次售卖，即先以内容吸引受众，然后将受众的注意力出售给广告商，广告是传统媒体的经营机制

---

① 郭庆光:《传播学教程》，中国人民大学出版社，2011年版。

和经济命脉。在互联网时代，网络媒体并没有革新这一机制。在媒介融合中，新老媒体相互模仿，其中传统媒体的广告机制被网络媒体竞相效仿，从门户网站、网络视频到社交媒体，都普遍沿用广告作为主要经营机制。同时，由于互联网技术促进了用户行为挖掘，从而使得内容生产者、广告商和消费者之间的亲密关系变得更加密切，[①]广告仍然是网络媒体商业收入的主要来源。

对于广告而言，并非所有的媒体内容都具有广告价值，广告营销需要一个"广告友好"（AD-Friendly）的环境[②]，需要有适宜的内容作为连接才能使广告到达消费者。在专业生产内容 PGC 和用户生产内容 UGC 这两者中，PGC 是能够"顺畅连接广告"的内容。[③]20 世纪 50 年代起，以广电媒体为代表的专业 PGC 视频服务证明了 PGC 与广告的契合与适配。互联网时代 Web2.0 技术催生了用户生产内容 UGC 的兴起。Web2.0 技术使得用户不只可以下载，同时可以上传，个体用户被赋予内容生产和传播的权利，UGC 被视为互联网技术赋权的突出体现。但是，由于 UGC 的随机性、零散性、质量不可控以及带宽成本高等因素，难以构成一个可预知的市场，因此无法带来广告投放。于是，源起于业余 UGC 的新媒体迫于经济压力转向广告经营，纷纷引入专业媒体机构，以 PGC 模式取代 UGC 模式，最终演变成了 PGC 模式的媒体平台，这一过程已成为互联网媒体发展的普遍轨迹。

---

① José van Dijck. Users like you? Theorizing agency in user-generated content. Media, Culture & Society，Vol. 31，No. 1.（January 2009），pp. 41–58.

② Jin Kim（2012）. The institutionalization of YouTube：From user-generated content to professionally generated content. Media，Culture & Society，34（1）：54–67.

③ UGC（User Generated Content）用户生产内容，PGC（Professionally Generated Content）专业机构生产内容。UGC 是相对于 PGC（如电视台制作的节目）而言，在 Web2.0 技术下，用户将自己生产的内容通过互联网平台进行展示传播，是用户使用互联网的新方式。

随着受众多元细分，特定观众选择观看特定内容，分众营销时代到来了。垂直某一特定领域的细分内容成为广告到达细分市场的内容载体。20世纪八九十年代，有线电视兴起，频道数量迅速增加。电视媒体改变了针对大众进行"广播"的做法，转而开办各种细分频道，通过专业细分内容进行定向"窄播"，目的就是要通过特定内容吸引特定观众，从而使得广告到达目标消费群。细分内容是广告商到达目标市场的选择。

本节以 PGC 和细分内容与商业广告的契合关系为分析框架，以新媒体政治经济学为视角，从本土 MCN 在促使短视频向 PGC 转向并且不断走向垂直细分这一演变过程中的作用切入，对中国短视频的商业化进行研究。

本节的研究问题是：MCN 是如何加速了中国短视频内容生产的商业化进程。换句话说，为了实现内容和广告的连接，MCN 如何促使短视频由业余 UGC 向专业化的内容转变？MCN 在短视频内容细分进程中的作用如何？基于此，本节分为三个部分。首先是背景描述，介绍中国移动短视频的发展与本土 MCN 的兴起。其次，分析 MCN 实施了怎样的控制使得业余 UGC 向专业内容转变，继而阐述了 MCN 壮大细分市场掌控细分内容生产的过程。最后是对研究内容的简要总结，并提出了新媒体的政治经济学对互联网技术赋权造成的不可避免的损害。

一、中国移动短视频的发展和本土 MCN 的崛起

2013年中国第一个移动短视频应用（APP）上线。在经历了数年的沉寂后，2016年短视频进入快速发展阶段，2017年全面崛起，在移动互联网用户整体增长乏力的大趋势中，短视频用户逆势增长，突破4亿，2018年上半年超过5亿，[①]CNNIC 最新统计显示，截至2020年12月，短视频用户

①　Quest Mobile:《中国移动互联网2018半年大报告》，2018年7月18日，http：//www.
　　Quest Mobile.com.cn/research/report−new/33。

达到8.73亿。短视频平台的数量和规模持续增长，互联网巨头先后进场，形成了两超并举、多强竞争的平台格局。两个"霸主"快手、抖音日活过亿并跻身全民应用的行列，多强竞争主要集中在巨头旗下的平台之间，包括头条的西瓜、火山小视频，百度好看视频，微信微视，阿里的土豆，以及老牌劲旅美拍、秒拍等。随着短视频内容创业兴起，短视频内容数量显著增长，质量持续提升，类型日益多元，整体上内容呈金字塔格局，PGC引领并成为流量的主导，红人类视频增长迅速。在短视频商业经营中，广告是最普遍的营销方式。资本热度持续，短视频成本低，但流量获取回报高，吸引了大量资本涌入，2016年融资金额126.6亿元，2017年逾138亿元，[①] 且内容投资占比近半，资本青睐内容方。监管缺失曾导致短视频内容失范，2017年监管入场，政府从平台牌照准入入手进行行业规范，2018年监管全面从严，从约谈、罚款到封号、下架，针对内容导向、非法版权、虚假广告等各层面的问题展开治理。2018年短视频已超过网络视频晋级中国第四大互联网应用，形成了一个包括内容生产、内容分发、平台渠道、用户、商业营销、监管、资本等的较为完整产业生态。[②]

随着短视频崛起，内容变现难日益成为短视频发展中的瓶颈，除了极少数强头部内容具备变现能力外，其余的"变现率只有不到1%"。[③] 内容变现的诉求催生了MCN在中国快速扩张。从内容方看，UGC出身的内容方在众多平台的包围下，难以完成包括内容创作、渠道分发、流量运营、商业变现在内的全过程，小散零碎的内容与广告投放的规模化需求形成尖

---

①　搜狐网：《短视频成吸金能手 全年融资额达138亿元》，2018年2月2日，http：//www.sohu.com/a/220563172_335495。

②　唐旭军等主编，《新媒体蓝皮书：中国新媒体发展报告（2018）》，社会科学文献出版社，2018年版。

③　华映资本中国：《在中国，搞不明白这8个生存之道，算什么MCN？》，2017年10月30日，https：//www.sohu.com/a/201242852_355041。

锐的对立，面对头部内容的流量收割，中尾部内容生产者生存艰难。从平台看，随着互联网人口红利逐渐消退，用户争夺便逐渐从增量转向存量，而优质内容就成为获取用户、保持黏性的关键。海量业余的 UGC 不仅造成管理和运营效率的低下，更重要的是难以持续提供高品质的视频。总之，随着短视频全面崛起，内容方需要流量和变现，平台方需要源源不断的优质内容供给，广告和品牌商需要找到适配的营销载体。于是，源于商业化的需要，中国本土 MCN 得以落地生根。

和国内短视频爆发式的发展相比，短视频理论研究滞后，MCN 相关的学术研究乏善可陈，本土 MCN 尚无统一的概念界定。百度百科的定义："将 PGC 内容联合起来，在资本的有力支持下，保障内容的持续输出，从而最终实现商业的稳定变现"，被行业广泛引用。华映资本称 MCN 有能力和资源帮助内容生产者的公司。也有人将其比喻为内容仓库、资源助推器、网红联盟。本书中的本土 MCN 是指聚合分散的内容生产方，采用专业机构的规模化生产保持优质内容的持续供给，将内容与平台和广告进行对接，通过内容集成、分发、营销，达成内容变现，从而获得相应收入的机构。简言之，MCN 是"公司主导的经纪系统"，扮演着内容经纪商的角色，旨在促进内容变现。

2017年中国 MCN 机构如雨后春笋般涌现。随着短视频平台数量、规模的迅速扩张，平台认识到高效获得优质内容的途径莫过于通过 MCN，于是，平台从直接聚合单个内容生产者转变为对 MCN 机构的聚拢，随即美拍、新浪微博、企鹅号、大鱼号等纷纷推出 MCN 扶植计划，持续加大对视频 MCN 机构的扶持，如大鱼收益对赌计划，对年播放量达到约定数值的 MCN 给予100万元奖励。在平台的加持下，短视频头部 PGC 公司，网红公会（经纪公司）、广告公司、影视发行公司等纷纷组建 MCN 机构，开始跑马圈地。以 PGC 公司转型 MCN 为例，一些具有品牌影响力、垂直专业度和持续生产能力的头部 PGC 公司，如二更、青藤文化、快美妆、Papi 酱等，批量签约、孵化具有潜力的原创内容生产者，在统一品牌下全网运营。2017 年 MCN 公司遍地开花，达到 1700 家，较 2016 年翻了 4 倍，2018 年继续增长至 3300 家。新浪微博 2017 年与 1200 家 MCN 合作，较 2016 年增长 268%，[①] 在各垂直领域基本实现全覆盖；2018 年微博接入 MCN 机构超过 2000 家。

目前本土 MCN 有三种类型，第一种是垂直细分型，针对细分人群聚合垂直专业内容，例如青藤文化主打青年人群，围绕生育、母婴生活提供知识科普；第二种是头部 IP 驱动型，以头部大号带动小号，例如 Papi 酱成立 MCN Papitube，签约了近 60 个创作者，把自身的部分流量拆分给小号；第三种是内容社区转型类，在原来内容社区基础上，以多种方式组建系列内容矩阵，形成丰富多元的内容资源，如新片场魔力 TV 共有 160 多个短视频栏目。

当中国移动短视频发展步入快车道，产业各方商业化的需求推动了 MCN 在中国的落地生根和迅速发展。为了实现内容变现，MCN 采用专业机构的工业生产模式促使业余的 UGC 向专业化转变，同时推动面向分众市场的内容细分，从而加速实现内容与广告的连接。MCN 是推动短视频商业化的重要力量。

二、MCN 促使业余 UGC 向专业内容转变

短视频的主要盈利来源是广告，广告投放需要与广告顺畅连接的内容，以使广告到达消费者。尽管短视频起源于业余的 UGC，但 UGC 视频却不具备广告价值。2008 年 UGC 视频网站"土豆网"的时任 CEO 王薇提

---

① 唐旭军等主编：《新媒体蓝皮书：中国新媒体发展报告（2018）》，社会科学文献出版社，2018 年版。

出了"工业废水"理论，他认为 UGC 耗费巨大的带宽成本却没有收益，相反还会引起版权麻烦。不久土豆网放弃 UGC 模式而转向 PGC 模式。随后，国内的视频网站也相继确立了 PGC 模式为主导的发展方向。美国教授 Kim 在 YouTube 研究中指出，在 PGC 模式的代表网站 HuLu 中，产生广告收益的视频占7成，相反，UGC 模式的 YouTube 却只有3% 的视频带有广告。迫于经营压力，YouTube 在被 Google 收购后，积极引入专业媒体机构，希望通过 PGC 模式带来广告收入。最终，YouTube 转型成了一个专业的播出平台。[①]

正像 YouTube 和国内视频网站经历的从业余的 UGC 平台向专业播出机构演变一样，由于商业化的需要，发端于业余 UGC 的短视频也在向专业的内容生产转型。而 MCN 极大地加速了这种转变。本节将围绕构成中国短视频 MCN 经纪系统的主要环节，分析 MCN 实施了怎样的控制从而使得业余的 UGC 转变为专业化的视频，抑或成为戴着 UGC 面具的、乔装打扮的 PUGC。[②]

中国短视频 MCN 经纪系统主要包括签约孵化、内容制作、内容运营、市场营销等四个环节。孵化是签约后的重要阶段。通常 MCN 机构设有孵化培训机构对签约达人和 PGC 团队进行培训。以网红孵化为例，技能培训、策划包装、目标规划、效果评估等是不可缺少的流程。技能培训包括视频拍摄制作及账号运营相关的基本技能的训练。策划包装是根据学员特点做人设定位及标签放大，如洋葱视频公司给红人"代古拉 k"的人设是"笑容最美、爱跳舞但跳不好的邻家小妹妹"。目标规划则明确设定了粉丝目标和视频提升的目标。之后，通过为学员量身定制的短视频圈粉，并设

---

① Jin Kim（2012）. The institutionalization of YouTube：From user-generated content to professionally generated content. Media，Culture & Society，34（1）.

② PUGC 指将原有的 UGC 经过专业机构专业化改造、加工后的内容。

定周期进行效果评估，出现问题时，由培训辅导专家提供解决方案。评估不能达标的学员将被筛选，从而公司得以及时止损。由此，经过一个完整的模板式孵化，原先的业余兼职达人成了被精心打造的产品。洋葱视频、快美妆等头部 MCN 机构以自成体系的"方法论"，对学员进行成批量、专业培养，洋葱视频公司成功孵化了办公室小野、代古拉 k、爷爷等一下、慕容瑞驰、铲屎官阿程、七舅脑爷等头部网红，被誉为红人的"黄埔军校"。这一整套工业化孵化模式，通过筛选、定位、养成、流量放大、社群维护等，保证了红人像流水线上的娃娃一样被生产和消费。

从内容制作看，MCN 机构是按照工业化的生产方式组织视频生产的，概括说就是在选题策划、脚本创作、拍摄、剪辑等各阶段实施专业化分工，标准化制作和流程化管理，最终实现大规模、专业品质的视频供给。快美妆的创始人陆昊提出内容制作的工业化是整个 MCN 工业化的基础。在选题阶段，MCN 设有选题机制，如洋葱视频通过选题库"脑洞云数据库"，为旗下团队提供选题指导，从源头保证了生产的持续性；在脚本及视频制作阶段，MCN 提供标准模板或程式大纲，如文本要求"每20秒一个小梗，每60秒一个大梗"，有的公司还为团队提供生产模板。在视频生产的整个过程中，MCN 实施严格的流程管理，如头部短视频公司二更旗下签有数百个 PGC 团队，在全国20多个城市建立地方站，二更总部根据团队的能力、作品质量等派发选题订单，根据成片质量定期打分考核和淘汰，通过流程把控保证产量和提高质量。

从内容运营看，MCN 采取的是商业导向的规模化运营。流量是变现的前提，为了获得流量，除了 MCN 旗下账号间相互导流以外，MCN 公司还大量采购平台流量。流量购买是 MCN 公司的重要支出，如青藤文化的流量采购费用为一年500万~1000万元，[①] 流量花费甚至高于短视频的制作费用。MCN对流量资源分配采取等级制，即根据旗下账号的粉丝状况划分等级，按照不同等级导入相应的流量，并在各大平台进行规模运营，从而达到大量圈粉并推高账号流量的目的。头部MCN对流量有着水龙头一样的控制力，能够在内容生产和消费之间实现调控和适配。

在市场营销环节，MCN的广告部或市场部掌握大量的广告主资源，可以根据旗下账号属性、特色进行选择适配和议价，最终实现商业变现。例如，头部MCN新片场"魔力TV"的广告收入占到全年收入的60%~70%。二更公司与汽车、快消品等各个类别的龙头企业都建立了合作，广告收入占到总收入的80%~90%，其中付费定制视频的单条价格达到数十万元，在2017年全年发布的3000多条视频中，付费定制的有400多条。[②] 总之，红人、PGC账号的广告有赖于MCN的分配。

随着MCN快速扩张，在各平台发布的基于流量的榜单上，已经看不到UGC账号的踪影，MCN机构处于绝对优势，几乎各类头部账号背后都有MCN机构统一运作，头部MCN占据市场70%份额。无论是对网红还是其他短视频创业者，加入MCN是在短视频"下半场"取得竞争优势的前提，目前MCN机构快美妆旗下签约红人超200个，蜂群旗下拥有数百个微博大V，Papitube家族中红人成员达到60多个。在签约MCN之前，UGC"代古拉k"的粉丝约8.5万人，"扇子"在微博上默默无名，然而签约后，经过PGC化改造的"代古拉k"（洋葱视频旗下）实现1550万粉丝蜕变，"扇子"（快美妆旗下）仅用5个月便成为100万粉丝的微博大V。相反，个体UGC

① 新京报：《短视频网红如何炼成：MCN成"网红工厂"》，2018年5月30日，http://news.163.com/18/0530/18/DJ2T1467000197V8.html。

② 韩方航：《成立三年的短视频公司二更，现在是个怎样的存在？》http://www.qdaily.com/articles/47904.html，2017年12月5日。

视频显然无法抗衡 MCN 力量，更难以摆脱被边缘化的命运。

综上所述，为了实现广告变现，MCN 机构在签约孵化、内容制作、内容运营等各环节进行控制，以专业机构的生产模式和商业导向的规模化运营，大大推动短视频从业余 UGC 向专业化内容的转变。

三、MCN 壮大细分市场掌控细分内容生产

特定人群观看特定内容构成分众营销的基础。随着每一个新媒介的出现，广告商和媒体机构都在做相应的调整以使广告到达目标消费者。以电视为例，在有线电视出现之前，以开路频道面向全体受众进行"广播"，到了有线电视普及的分众传播时代，则转向用不同的专业细分频道获取细分市场。进入网络媒体时代，多元细分内容是获取细分用户的入口。针对特定人群的差异化内容，用户黏性高，转化率高，因此具有更高的商业价值。换句话说，当形成了针对不同年龄、收入、兴趣、知识水平、圈层、亚文化等人群的丰富的细分内容，才有可能聚合特定的人群，也才有商业化的各种可能。细分类短视频，如美妆、美食、汽车、军事、母婴、健康等的本质是指向这些高辨识度内容背后的产业和用户。青藤文化创始人袁海认为，垂直领域的短视频并不完全是真正做内容本身，它的核心其实是以内容积累 IP 资产以达到变现，从而成为一个稳定持续的商业。[①]

纵观中国移动短视频发展，内容细分经历了一个从无到有，再到丰富多元的过程，MCN 对壮大细分内容市场起到极大的促进作用。在 2012 至 2015 年，中国短视频的探索阶段，微视、秒拍、美拍是三个最主要的平台，除了微视具有一定社交属性外，其他两个均为工具型应用，如定位于"视频自拍神器"的美拍是美图秀秀的升级；三家都是 UGC 模式主导，板

---

① 网易科技：《短视频如何变现：Papi 酱们是这样持续赚钱的》，2017 年 11 月 1 日，http://news.iresearch.cn/content/2017/11/271294.shtml。

块设置雷同，侧重美女、明星、搞笑、猎奇等泛娱乐内容，同质化十分严重。2015年，PGC 创业团队兴起，据统计，与平台签约的 PGC 公司总计约800家。[①]PGC 的进入带动了内容朝多元类型发展，其中母婴、军事、美食等的头部账号获得融资。2016年，中国短视频发展出现重大突破。PGC 兴起带来短视频数量和质量的提升，随着短视频流量持续增长，布局短视频成为互联网巨头内容生态战略的核心，各大平台纷纷对 PGC 视频进行资金和流量的扶植。平台扶植带动了短视频 PGC 生产的急剧扩张，2016年 PGC 团队超过25000家。[②]在短视频内容格局中，低门槛的泛娱乐内容日益饱和，成为激烈竞争的红海。另外，随着移动互联网人口红利逐渐消失，增量用户获取的难度与日俱增。与其在红海中挣扎，不如发力处于蓝海的垂直细分市场抢夺细分用户，在细分赛道占领先机，于是美食、美妆、生活服务等垂直类型发展起来，如一条、二更专注于生活方式，财新视频聚焦高端财经，日日煮主打美食，短视频从泛娱乐向垂直、分众发展的趋势开始显现。然而，这一时期细分内容的类型、深度、产量都远远不能满足用户多样化需求。

UGC 和小规模 PGC 内容生产难以实现用户和市场对于细分内容的需求。这是因为，相对于泛娱乐的内容，细分内容的用户基数小，而内容越细分，用户绝对数量越小。而且，中国短视频分发渠道众多，除了激烈竞争的独立短视频平台外，其他各类平台，如社交类的微博、各大视频门户、直播平台、电商平台等，都将短视频作为其内容生态的重要组成，吸引短视频内容入驻，从而造成细分用户的分布较为分散。用户数量小又分

---

① 韩方航：《成立三年的短视频公司二更，现在是个怎样的存在？》，2017年12月5日，http://www.qdaily.com/articles/47904.html。

② 网易科技：《短视频如何变现：Papi 酱们是这样持续赚钱的》，2017年11月1日，http://news.iresearch.cn/content/2017/11/271294.shtml。

散就势必造成流量难以形成规模。为了实现内容变现，就需要创业者将分散在多个平台的细分用户聚合起来进行运营。然而，不同平台具有不同功能和属性，采用的分发方式也各不相同，致使跨平台、多平台的运营不仅成本高，而且难度也很大，不但 UGC 无法企及，单个 PGC 团队也难以完成。特别是对于海量中尾部的细分类 PGC，由于曝光度的局限，无法获得与其质量和成本相匹配的流量，导致融资和广告的获取非常困难，故大都生存艰难，严重影响细分内容的发展。这时 MCN 的价值便得到了充分体现。一方面，在生产层面，作为 PGC 联盟，MCN 通过强化细分内容定位、针对性地挖掘创作者以及批量工业化生产等，丰富、壮大了细分领域的内容生态，使得细分内容规模不断扩大；另一方面通过内容运营，渠道分发，用户拓展，营销资源对接等专业服务，起到了市场化加速的作用。

垂直类型的 MCN 机构是内容细分的首要推动力量。如前所述，垂类 PGC 公司转型为 MCN 机构是本土 MCN 中的重要路径之一，此类 MCN 依托一个或几个账号，通过签约孵化同一个领域的 PGC 或 UGC 达人，在 MCN 模式下生产和运营，迅速实现数十倍、数百倍的扩张。而那些流量上处于劣势的 PGC 团队或 UGC 达人，由于不堪成本及变现的困扰，纷纷选择投靠 MCN 以抱团取暖。以青藤文化为例，在两年的时间里，其完成了从单一 PGC 公司向 MCN 机构的跨越。2015 年，青藤文化以优质母婴内容获得融资，但单个公司的制作能力有限，长期高质量的大规模产出难以持续，同时随着同类内容创业者数量增多，用户拓展遭遇瓶颈。2017 年公司转型为 MCN，签约了微博母婴分类中排名前 50 的账号，从而逐步构建起母婴生活领域 MCN 矩阵，目前旗下账号占据各大平台细分榜单的头部。成立于 2015 年的快美妆，立足美妆时尚领域，2016 年转型 MCN，凭借工业化的生产和运营以及多元变现能力，签约网红达人数百名，处于国内美妆领域的第一梯队，占据多个平台美妆时尚榜的头部。

从美国 MCN 业务扩张路径看，在打透一个行业后，公司会将成功的经验复制到更多的细分市场。比如，美国老牌 MCN "Awesomeness TV" 从青少年切入，风头正劲的 Taste made 从美食切入，但之后都在进行多元扩张。国内领先的 MCN 也在尝试这样的拓展路径，如青藤文化在保持母婴定位的基础上，2018 年开始扩展到美妆、二次元等不同领域。老牌生活方式类 MCN 二更公司，2018 年宣布推出包括时尚、音乐、综艺、财经、公益等近 20 个板块的细分产品。

总之，MCN 机构凭借在垂直领域的积累的优势资源，包括专业人才、内容制作，分发渠道，广告营销等，壮大细分内容生产的规模。另外，MCN 在扩大细分市场的同时，也逐渐掌控了细分内容的生产。

四、结语

近年来，伴随着中国移动互联网的快速发展，短视频成为移动传播中最耀眼的明星，短视频商业化进程日益加速。然而，对于短视频商业化的学术审视和反思是缺失的。本书以传播政治经济学为视角，从本土 MCN 入手，研究了 MCN 控制内容生产，促使短视频生产向专业化转向并不断走向垂直细分，加速了内容与广告的连接，从而推动短视频生产的商业化。

短视频的主要营收来源于广告，而广告投放的前提是要有规模化产出的优质 PGC 视频作为连接广告的载体，使得广告到达消费者。研究认为，本土 MCN 深度介入短视频内容生产，在签约孵化、内容制作、内容运营、商业营销等各个环节实施控制，大规模地推动了业余 UGC 向专业内容的转变。当泛娱乐内容市场饱和，而用户获取越来越困难时，MCN 瞄准细分市场，聚合同类小散 PGC 形成垂类细分的内容矩阵，在壮大细分市场的同时，掌控细分内容生产。就这样，经过本土 MCN

的改造，中国短视频逐步从业余的 UGC 转向了适应广告营销的专业化内容和聚焦细分市场的细分内容。在短视频全面扩张的背景下，本土 MCN 控制内容生产，加速了内容与广告的连接，成为推动短视频商业化的重要力量。

在互联网去中心化的传播中，技术对个人的赋权增加了个体信息传播的机会，在 Web2.0 技术作用下，业余的普罗大众在信息传播中从被动走向主动，使得互联网有条件成为一个能够体现公共价值（Public Value）的空间。其中 UGC 被视为互联网技术赋权的突出体现。但迫于版权和营收的巨大压力，以 YouTube 为代表的一大批 UGC 平台走上了机构化和专业化的道路，转向从事广告经营等商业实践。尽管起初 YouTube 创始人是抵制商业化的，但是"YouTube 们"最终没有摆脱商业化宿命。中国最大的 UGC 社区快手成立六年来始终秉持"去中心化"原则，未曾扶持任何账号和 IP，为了保持 UGC 的生态，其商业化进程走得较慢。然而，中国本土 MCN 的冲击动摇了它一向奉行的普惠价值观。2018 年 7 月，快手推出了 MCN 合作计划，对 MCN 的变现和流量运营提供支持。可以预见，快手内容的商业化不过是个时间问题。

对于互联网的商业化，Fabos 曾指出，互联网商业化的结果是用户被吸引到商业网站，而那些不畅销的声音则变得越来越边缘化了。更多的用户参与并不代表能够分享同等的权力。在人们对短视频发展的一片叫好声中，中国移动短视频的演变正在重复互联网媒体演变的历史轨迹。我们需要透过 MCN 对短视频内容生产的控制，看到新媒体政治经济学对互联网技术赋权的损害。技术赋权给了普通用户发声的机会，不过能否被听见则是另外一个问题。

第三节 "移动直播 + 短视频"：新闻报道的创新态势

直播和短视频是近年新媒体行业的两大热点。直播发挥着实时性和互动性的优势，短视频则通过短平快的方式实现传播效果的最大化。在"移动直播 + 短视频"的协同模式下，新闻报道利用移动直播和短视频创新发展报道的新态势。"移动直播 + 短视频"模式在新闻报道中的运用，革新了新闻报道的方式，成为传统媒体在移动端重要的报道形式。

据第47次《中国互联网络发展状况统计报告》发布数据显示，截至2020年12月，我国网络直播的用户规模为6.17亿，用户使用率从62.0%上升到62.4%，用户规模增长放缓，陷入增长困境。而短视频应用的发展一路高歌猛进，用户规模达8.73亿，占整体网民规模的88.3%。[①] 直播和短视频在内容特色和传播方式上都有巨大差异，直播的用户并不是短视频"抢走"的；两者与其说是竞争关系，不如说是共赢关系。所以"移动直播 + 短视频"的说法比"移动直播 VS 短视频"的说法更为贴切，二者相加的协同模式也已经成为新媒体环境下，新闻报道在移动端创新发展的新态势。

一、从"移动直播 VS 短视频"到"移动直播 + 短视频"：带来巨大协同效应

（一）直播用户增长放缓，下半场仍有想象空间

网络直播是以移动互联网技术为支撑，以智能手机为代表的移动终端

---

① 中国互联网络信息中心：第47次《中国互联网络发展状况统计报告》，2021年2月3日，http://cnnic.cn/hlwfzyj/hlwxzbg/hlwtjbg/202102/P020210203334633480104.pdf。

为依托、基于直播类平台，传播实时动态的视听内容，实现传受双方之间实时、同步、互动的一种新型传播形态。网络直播解决了传统电视直播中受众被动接收信息，传受双方互动难度大，反馈间隔时间太长等问题，具有实时性、社交性、移动性、内容丰富性四大特点。2018年，直播行业在经过上一年的平缓发展后，用户规模逐步趋于饱和，陷入增长困境。但直播行业依然在网络视听产业的"竞技场"前行，它的下半场仍然有很大的想象空间。

移动直播在垂直细分方向还有很大的发展空间。比如2017年斗鱼直播平台开启的"直播＋三农"的正能量直播新模式，把目光聚焦在以往很少关注的三农领域。斗鱼直播平台对"丰收大湖北"的直播活动累计观看人次突破1亿。[1]可见，直播行业如果继续深耕垂直领域，开创更多社会关心、用户喜爱的网络直播模式，就会持续吸引用户注意力，甚至占领该垂直细分领域的头部。可以说，直播行业内容创作没有绝对的红海。直播行业风口起起落落，最终将回归对平台内容价值创造的检验。

（二）短视频强势崛起，满足用户碎片化需求

短视频播放时长较短，"是指一种视频长度以秒计数，一般在5分钟之内，主要依托于移动智能终端实现快速拍摄和美化编辑，可在社交媒体平台上实时分享和无缝对接的新型视频形式。它融合了文字、语音和视频，可以更加直观、立体地满足用户的表达、沟通需求，满足人们展示与分享的诉求"。[2]

2018年以来，快手、秒拍、抖音等短视频平台涨势惊人，各互联网巨

---

① 新浪网：《"直播＋三农"斗鱼开启正能量直播新模式》，2017年10月30日，http://news.sina.com.cn/o/2017-10-30/doc-ifynffnz3664405.shtml。

② 艾瑞咨询：《中国短视频行业发展研究报告2016年》，艾瑞咨询系列研究报告，2016年2月。

头争相布局，短视频一时风头无两，遥遥领先于此时的直播行业。其实早在2016年下半年，移动短视频的月活跃用户数就已经超过了移动直播。截至2020年12月，前者超过8亿。原因很简单：解决了直播的痛点。短视频内容符合移动用户的观看习惯，有效进入了用户的碎片时间。据今日头条的统计，用户在一条短视频上平均花费1.6分钟，与阅读图文消息的平均时间相仿。对微博、今日头条等信息流应用来说，短视频无疑是图文的完美替代品。对陌陌、YY等信息流属性不强的应用来说，短视频是构建信息流的"基石"。[①]

（三）"移动直播 + 短视频"模式带来巨大协同效应

短视频的崛起，在很多人看来，是对直播行业发生了直接冲击，但其实两者不管在内容形式、目标用户还是变现模式上区别都很大，可替代性不强，倒是可以相辅相成。2017年下半场开始，各直播或短视频平台不再采取"直播 VS 短视频"泾渭分明的态度，纷纷开始"移动直播 + 短视频"的协同模式布局。比如，在陌陌强化短视频功能的同时，快手推出了直播功能，抖音也加入了直播板块。

如今，直播和短视频的"协同效应"越来越大。对于直播平台来说，短视频板块的加入可以有效争取到直播不在场用户的碎片化时间。而对于短视频平台来说，用户在对内容创作者产生兴趣后，就会关注他去看他的直播，增强用户黏性。比如，在抖音 APP 中，用户时间充足就可以观看其关注的抖音红人的直播，没有时间就去浏览他的短视频作品，打发碎片化时间。"移动直播 + 短视频"的协同模式为用户提供了多样化的内容选择，努力做到最大化占据用户的时间，吸引更多流量。

---

① 搜狐网：《"直播 + 短视频"共存共生，投资风口下的移动视频娱乐下半场》，2017年11月16日，https://www.sohu.com/a/204713263_99970497。

二、"移动直播＋短视频"协同模式助力新闻报道创新

"移动直播＋短视频"在新闻领域的应用，正在快速革新现有的新闻报道模式，并对传统媒体的新闻生产和内容分发产生颠覆性的影响，带来"1+1＞2"的传播效应。

（一）"移动直播＋短视频"在新闻领域的应用状况

"移动直播＋短视频"作为新媒体时代两大主流内容表现形式，早已深入人心，它们与新闻报道的相互结合满足了用户多样化、碎片化的信息需求，也为新闻报道在移动端的转型提供了新的思路。

2017年2月，人民日报与微博、一直播合作正式推出了全国移动直播平台"人民直播"；央视新闻移动网也在同日上线，还专门为记者打造了移动直播系统"央视新闻＋"。[1] 腾讯新闻通过移动端直播长征七号首次发射；新浪直播了和颐酒店事件。[2] 新闻媒体在利用移动直播的同时，也在通过短视频平台进行新闻内容分发。2014年，新华网络电视最早推出了致力于短新闻视频报道的客户端"15秒"。实际上在这之前，众多传统媒体，如新华社、广州日报等就开始运用秒拍 APP 对2014年的两会内容进行了及时的报道；2016年12月，浙江日报推出的"辣焦视频"，标志着新闻的短视频化已经延伸到了地方媒体。

（二）新闻生产模式创新：视频化、社交化、流程简化

新闻移动直播和新闻短视频都属于新型的新闻报道形态。与传统职能分工明确的新闻生产模式不同，这种新型的报道形态有其特有的一套新闻

---

[1] 人民日报海外版：《"国家队"为直播注入正能量（网上中国）》，2017年3月15日，http://paper.people.com.cn/rmrbhwb/html/2017−03/15/content_1757498.htm。

[2] 钛媒体：《〈人民日报〉、央视也跳进直播红海，清流型能拼过网红脸吗？》，2017年2月24日，https：//www.sohu.com/a/127140129_116132。

生产模式，并且这也是传统新闻生产利用"移动直播＋短视频"进行创新改革的重点。从总体上来看，"移动直播＋短视频"新闻对传统新闻生产模式的变革主要表现在三个方面，即新闻生产视频化、新闻生产社交化和新闻生产流程简化。

1. 新闻生产视频化

在新闻报道领域，"有图有真相"的时代已经过去，比起图片，视频更让人信服。无论是移动直播新闻还是短视频新闻，都是以视频的形式呈现给用户，这对传统的新闻报道是一个不小的挑战，使得传媒行业对记者和编辑人才的要求提高，从业人员必须掌握一定的拍摄编辑技巧。

新闻生产视频化已经渗透到新闻生产的各个环节，如果把传统新闻生产的采、写、编、排一一对应到"移动直播＋短视频"新闻中，就是拍摄收集视频资料、剪辑视频、编辑视频、排放视频。比如发布一条短视频新闻，记者要依托移动智能终端进行拍摄和编辑，融合文字、图片、语音和视频等各类编辑手段，最后在各媒体平台上进行发布。这里需要强调的一点是，短视频新闻不是"长新闻视频的剪辑版"和"新闻视频的终端迁移"的简单结合，它的突出特点就在于它在画面剪辑、叙事节奏等编辑方面大有文章可做，以此来加强新闻的趣味性。

移动直播新闻生产不需要剪辑视频这一环节，这也是它之所以真实的重要原因。记者利用智能手机、无人机等设备拍摄新闻事件，通过直播平台实时制作并同步播出新闻"第一现场"，为用户提供全方位、身临其境的新闻视听体验，用户可以在移动终端设备上随时随地观看新闻现场直播。总之，视频有图片远不能带来的现场感、真实感。从"有图有真相"到"有视频有真相"，无论哪一种新闻生产方式的视频化都将引起整个传统新闻生产模式的巨大变革。

2. 新闻生产社交化

现如今，社交媒体俨然成为当下人与人沟通的重要工具，新闻报道对社交媒体的运用则颠覆了传统的新闻生产方式，为新闻传媒业带来了前所未有的革命。移动直播和短视频诞生于社交媒体大环境下，天然带有强烈的社交属性，在与新闻行业相互渗透时，为新闻生产的社交化带来新的发展，即"移动直播＋短视频"新闻在内容生产时，要有互联网思维，注重社交性。

比如，移动直播区别于传统直播的一个显著的特点就在于它的社交性，集中表现为直播中的强互动性。用户可以在直播间里发表评论，记者会对用户的评论给出及时的回复。用户与用户、记者与用户可以进行一对一、一对多、多对多交流互动。新闻机构还可以通过实时监控直播间的评论，检测新闻事件的发生，在协同互助的状态下进行新闻的生产与传播。掌握了移动直播和短视频的社交属性后，新闻机构在新闻生产时还可以在视频之外增加更多互动元素，如图片、文字、表情包、图表，并且辅以VR、H5、弹幕等技术功能。[①]

总之，移动直播平台和短视频平台都是有大量用户参与讨论的平台，融入新闻报道后，用户在参与过程中既可作为"传播者"自己发布信息。同时，又可作为"受传者"接收新闻。因此，"移动直播＋短视频"给新闻报道带来的变革不仅仅是新闻生产方式的转变，这种强社交性可能会带来的裂变式传播是其附加效应。

3. 新闻生产流程简化

与传统新闻生产采、写、编、排各司其职、各尽其责不同，"移动直播＋短视频"新闻将所有环节聚合到同一平台上，实行平台一体化运营，

---

① 人民网：《当"直播＋"涌入新闻业——移动新闻直播在新闻场景中的应用分析》，2017年1月9日，http：//media.people.com.cn/n1/2017/0109/c409688-29009851.html。

大大简化了传统新闻的生产流程，节省了人力、物力、财力。

传统电视新闻直播是一场耗时、耗力、耗财的盛大仪式。移动直播技术的出现使媒体可以通过直播平台的一站式操作与分发，甩掉传统直播的直播车、导播室等大型设备和器材，记者轻装上阵，一部智能手机就可以发起一场直播。

短视频新闻也只需一台智能移动端，通过短视频平台就可以实现快速拍摄和编辑，一键转发、实时分享到社交媒体平台上。"移动直播 + 短视频"新闻报道一触即发，其时效性和影响力都让传统新闻媒体不可企及，已经日益成为一种成熟的新闻生产流程。

（三）新闻内容分发变革：多平台内容分发、用户自动转发

在传统媒体时代，新闻生产和分发都由媒体机构完成：媒体记者和编辑完成新闻采编，再通过媒体自身的发行或播出渠道完成内容的分发。但社交媒体环境下，"移动直播 + 短视频"新闻的内容分发既可以依托多平台内容分发，实现实时转发分享和无缝对接；又能够基于强社交关系实现用户的自动转发，得以占据更多的用户注意力时间，实现裂变式传播。

比如2018年7月，郑州报业集团旗下郑直播特别策划《高温下的坚守》，利用"现场直播 + 竖屏10秒短视频"的形式，记录煎药师、地铁信号检修工、交警等基层工作人员在高温下为工作流下的辛劳汗水。视频发布后被人们纷纷转发，短时间内在朋友圈刷屏。随后，新华社特别推出了高温专题，郑直播作为河南地区代表媒体参与其中，并获得首页推广，人民日报、凤凰网等媒体相继转发，短视频单平台浏览量达81万次，总浏览量突破百万次。[①]

---

① 凤凰网：《〈高温下的坚守〉短视频刷爆朋友圈新华社等知名媒体纷纷转发》，2018年8月7日，http://wemedia.ifeng.com/72514317/wemedia.shtml。

（四）"移动直播 + 短视频"：实现"1+1＞2"的传播效果

"移动直播 + 短视频"的配合可以让新闻报道变得更好，影响力更强。新媒体时代，各种信息纷繁复杂，新闻报道要想获得好的传播效果，不仅要有好的故事内容，还要有好的报道呈现方式，特别是对于一些严肃新闻题材的报道，即使是报道便民利民的好政策、资深记者采写的好故事，没有亮眼的报道形式就很难在第一时间吸引受众的注意，最终也难逃淹没在信息大海的厄运。这时候就要在形式上多下功夫。媒体机构利用好"移动直播 + 短视频"的报道形式，就可合力打破媒体行业"好内容不火"怪象，实现"1+1＞2"的传播效果。

"移动直播 + 短视频"，并非简单的相加，而是要深入配合，相辅相成，带来大于二的传播效果。新闻直播用互动性拉近与用户的距离，可以培养众多忠实粉丝，提高用户黏性，而短视频新闻成本较低，把握好短短十几秒的时间，在画面剪辑、叙事节奏等方面下功夫，就可增强新闻报道的趣味性，吸引人们主动转发分享，让受众在观看制作精良的短视频新闻同时，在潜移默化中接受新闻资讯及其所传达的观念，提升报道的影响力和覆盖率。可以利用短视频强大的传播能力，发布直播中的精彩片段，在保持直播间热度的同时，吸引新的用户收看新闻直播。

进一步讲，新闻在直播中会产生大量的信息，难免拖沓冗杂，有效信息可能也就在短短几分钟内，"浓缩就是精华"，可以把这些精彩的视频内容通过精编，剪辑制作成精炼的短视频，将其用于二次传播，吸引粉丝和流量，有的用户甚至会去看直播回放。短视频新闻补足新闻直播在碎片化时间的市场缺失，若将二者结合，能立即产生显著的传播效果。另外，优质的直播、短视频新闻作品，在内容和形式表达上要有媒体自身独特的风格，这是媒体用来涨粉的秘诀。

新媒体时代，形式和内容同样重要，传统媒体要努力做到不让形式拖了"好内容"后腿。利用好"移动直播＋短视频"形式，只有"好内容＋好形式"才可能引发裂变式传播，成就现象级新闻作品。

三、直播新闻内容把关难、题材受限，短视频新闻时长内容难平衡

新闻媒体在运用移动直播和短视频报道的过程中也存在着一些问题。首先是直播新闻，新闻直播在给我们带来新闻事件的"第一现场"的同时，也带来了新闻在直播中不确定性大、内容把关难度大的难题，对记者提出很大的挑战，因为现场发生的事情很难把控，要做出有选择、有价值的报道很考验记者的新闻素养；新闻直播的题材也有局限，考虑到人力、财力等问题，报道题材基本上聚焦于一些重大会议、重大赛事及一些其他活动，一些突发事件，比如天灾人祸，记者很难第一时间到达现场，只能在事发后才能到现场做报道；另外，虽然目前网速提升，资费降低，但在移动新闻直播中，还是会受到信号质量的影响。比如在直播自然灾害现场时，可能会因为现场网络遭到灾害破坏或者观看人数过于庞大而导致直播卡顿甚至是中断。

其次是短视频新闻，短视频新闻的内容虽可把控，但对于一直从事文字或图片工作的记者来说，在短短十几秒内呈现一条既精彩又完整的新闻更是难上加难，这要求记者掌握新闻短视频的剪辑技巧。

但传统媒体在内容方面有着其他媒体不可比拟的优势，比如在国家重大新闻事件报道上。未来，传统媒体要做的就是在坚持自身优势的基础上，紧跟"移动直播＋短视频"发展风向，从技术和人员两方面来提升自己，最大限度解决新闻移动直播及短视频新闻面临的问题。

第四节　微信公众号——主流媒体移动传播的
重要渠道

中国互联网络信息中心发布的第47次《中国互联网络发展状况统计报告》数据显示，截至2020年12月，我国手机网民规模达9.86亿，有99.7%的网民通过手机上网。网民的上网设备正在向手机端集中，手机成为拉动网民规模增长的主要因素。2015年12月25日，习近平总书记在视察解放军报社时强调："读者在哪里，受众在哪里，宣传报道的触角就要伸向哪里，宣传思想工作的着力点和落脚点就要放在哪里。"当前，微信成为移动端的一个重要信息接入口。主流媒体纷纷通过开设微信公众号的形式融合新媒体发展。

一、主流媒体微信公众号发展现状

（一）微信公众号成为主流媒体标配，矩阵式发展格局初步形成

作为传统媒体"借力"新媒体进行转型发展的主要途径之一，开通并打造媒体的微信公众号已经成为主流媒体的首要举措。根据腾讯公布的截至2019年12月31日，未经审核的第四季度综合业绩及经审核的全年综合业绩显示，微信和WeChat的合并月活跃账户数达到11.6亿，比去年同期增长6.1%。[①] 而根据企鹅智酷发布的2016版《微信数据化报告》数据，获取资讯成为用户关注公众号的第一大目的，微信等社交平台是用户获取新闻来源的第二大渠道。[②] 根据人民网发布的《2015中国媒体移动传播指数

---

① 搜狐网：《微信及WeChat合并月活跃账户数达到11.6亿》，2020年3月18日，https：//www.sohu.com/a/381143870_233813。

② 《从〈微信数据化报告〉，看2016年微信公众号7大趋势》，2016年3月28日，http：//mt.sohu.com/20160328/n442559135.shtml。

报告》内容显示，所有进入榜单的报纸、杂志、网站、广播电台都开通了官方微信。微信成为提升媒体移动传播水平的"长板"。[①]伴随互联网和移动互联网的发展，用户信息获取方式和途径发生改变。因此，拥有庞大用户数量和高黏性用户群体的微信平台得到传统媒体青睐。以人民日报、新华社、中央电视台、中央人民广播电台等媒体为首的主流媒体纷纷通过入驻微信公众平台的方式拓宽新媒体传播渠道，以微信为移动入口，"借力"进行移动化传播。

目前，主流媒体微信公众号发展如火如荼，呈现出层级化的微信矩阵发展格局。一般而言，一个主流媒体集团旗下会有四个层级的微信公众号，分别是媒体官方公众账号、媒体各部门运营的公众账号、媒体内部小团队或兴趣小组运营的公众账号以及媒体人以个人名义运营的账号。其中，前三类账号一般以媒体单位官方名义申请和运营，并对媒体发展造成一定的影响。以人民日报社为例，其便通过层级化的微信公众号建设形成了一个新闻资讯公众号品牌群。旗下拥有一级微信公众号"人民日报"，二级微信公众号"人民日报社体育部""人民日报评论""人民日报文艺"等各部门和版面的专属账号，三级微信公众号"侠客岛""学习小组"等。这种矩阵式的微信公众号发展模式将用户需求进行了细分，有利于更有效地满足用户需求，为用户提供信息服务，成了主流媒体的首选。中央电视台、中国青年报、北京青年报等媒体均通过打造一批"小而美"的微信公众号进行集群化发展。

（二）媒体机制灵活、科学且创新

配合微信公众平台的发展，主流媒体通过制定和实施符合新媒体传播

---

① 人民网：《2015中国媒体移动传播指数报告发布》，2016年3月24日，http: //media.people.com.cn/n1/2016/0324/c14677-28222730.html。

规律的新闻生产、团队运营和管理机制来指导和规范媒体公众号的发展。在新闻生产机制上，新闻生产流程实现再造，主流媒体通过新闻信息资源共享和优先微信公众号供稿等方式保障了新媒体的新闻时效性要求。在微信信息生产中，适量加入语音、微视频、动图、背景音乐等新媒体元素提升了微信内容的可读性，使信息呈现形式更加多样化。在信息传播机制上，改单向传播为双向传播，注重用户生产内容。在账号运营方式上，根据具体需要采取"自上而下"或者"自下而上"的管理方式。主流媒体的官方微信公众号因权威性属性、较大的推送量、较广的推送内容等工作特性一般采取"自上而下"的管理方式，以保障微信公众号推送和维护工作有序推进。而一些二级或者三级账号自由度提高，大多采用"自下而上"的管理方式。通过账号部门运营人员独立确定推送选题、内容和形式，充分发挥采编和运营人员的自主性与创造性。例如，人民日报海外版旗下的微信公众号"侠客岛"便实行"团队化"管理，由海外版的采编人员自主进行文章撰写、内容推送和日常维护，同时兼具记者采写和编辑审稿的职能，实现了管理方式的创新。较为宽松的管理机制使采编人员的主观能动性得以体现，通过个性化笔名撰写文章、与用户互动，在文章和运营中体现出人格化的风格色彩，有利于形成账号特色，吸引用户持续关注，增加用户黏性。

在微信公众号的推广机制上，利用传统媒体与新媒体等已有媒体平台，实现媒体间的内容互推，利用已有优势平台扩大传播范围，拓宽传播渠道，有利于实现信息的全方位、立体化传播。例如，人民日报海外版旗下的微信公众号"侠客岛"和"学习小组"等便与其母媒体的官方网站"海外网"相连，微信公众号推送的内容可以同期在网站的"评论"页面专题栏目中看到，实现了移动端和PC端的跨屏融合。而海外网同时也在网页上为自身旗下的微信公众号"港台腔"和"金台2号"开辟了专栏，实现了网页内容与微信内容同步推送。同时也与"侠客岛"和"学习小组"等人民日报新媒体账号一起形成了集聚效应，扩大了微信账号的知名度和传播内容的影响力。

（三）进行盈利模式探索，以打造品牌影响力为重

目前，我国主流媒体微信公众号的主要任务仍以打造微信端媒体影响力为主。一方面，微信入口是传统主流媒体的延伸，通过移动端可以扩展信息传播的范围，增加信息传播到达层级，加大信息传播的广度，增强主流媒体在移动端的传播力；另一方面，通过微信端信息阅读量、点赞量、评论量、转发量等量化的评级指标数据反馈，可以清晰评估出稿件的传播效果，从而将用户直接反馈的意见作为稿件评定的指标之一，对传统媒体的新闻生产进行调整。主流媒体微信公众号通过持续提供信息内容和服务吸引用户关注，培养用户忠诚度，打造品牌影响力。

在商业模式上，我国主流媒体微信公众号目前处于盈利模式探索阶段。一些媒体账号开始试水进行一系列平台商业价值"变现"的尝试。其中，主要的盈利方式为流量变现和众筹打赏。流量变现的方式主要通过引进广告实现：一方面通过与腾讯公司签约，在文章末尾链接微信方的广告，通过文章的阅读数据实现流量变现；另一方面，媒体方直接与商家合作，通过文章内广告投放、单条广告投放等不同投放方式获取不同收益。一般而言，主流媒体的微信公众号用户规模大、账号打开率高、用户黏性强，对商家具有较强的吸引力。北京日报社旗下的微信公众号"长安街政事"、北京青年报社旗下的微信公众号"政知局"、环球时报在线集团的微信公众号"环球网"等账号均通过文尾链接广告的形式进行了"变现"操作。一些主流媒体的二级或者三级公众号还与其他机构合作，进行微信公众号互推。例如，北京青年报社旗下的时政评论公众号"团结湖参考"便

以单独推文的形式对"瞭望智库""政商内参"等时政类账号进行过推荐。值得一提的是，互推形式的推广合作伙伴一般选择与自身公众号定位和功能类似的，这样较为符合已有用户定位和信息需求，可以获得较高的推广成功率。

众筹打赏功能是具有原创标识的微信公众号的特权，原创文章开通打赏功能，用户可以通过微信支付在阅读文章后直接通过"赞赏"按钮进行不同金额的打赏。这一功能的出台促进了对原创内容的保护，同时这种直接获得读者肯定的方式也极大地刺激了采编人员的创作热情，使媒体账号盈利来源更加多元。人民日报海外版旗下的微信公众号"侠客岛"引进了打赏功能，凸显了内容的商业价值。一些主流媒体公众号还通过试水电商、开展线下活动等方式创新商业模式，进行多产业发展。北京人民广播电台旗下公众号"吃喝玩乐大搜索"立足提供生活服务，其微信公众号下设"微店"子菜单，可以直接跳转连接到官方微店页面。用户可以在微店直接购买广播节目中推荐的产品，实现了消费闭环，在方便了用户的同时实现了平台价值。

二、主流媒体微信公众号发展特点

（一）以原创内容生产为主，具有强大的舆论引导力

媒体公众号拥有强大的内容优势，专业的信息生产模式使原创内容成为媒体账号的主要推送内容。进行新闻信息推送是媒体的本职工作和任务，是媒体的立身之基。一般而言，主流媒体的官方微信公众号会进行及时新闻、热门话题的推送，提供信息服务。媒体账号对一些重大新闻、热点新闻的持续报道和推送，体现了专业媒体的新闻生产能力。2016年两会期间，"人民日报全媒体平台""新华视点""光明日报""央视新闻""中

新网""中国网""环球锐评"等主流媒体的微信公众号组成"微传播国家队"，对两会新闻进行了集中式报道。第一时间发布国内外重点新闻资讯，可以让用户及时了解突发信息。主流媒体掌握采访和报道资源，在重大事件中一般拥有独家采访资源。而长期积累的新闻采访能力，也使主流媒体的信息消息源更加多样和准确，为用户提供不同的新闻观看和观察视角。主流媒体专业的新闻业务能力也为信息的真实、客观和公正提供了保障。

信息推送意味着信息选择和价值观传递。主流媒体微信公众号不仅在原创内容生产上具有优势，同时也凭借强大的信息筛选能力体现出主流媒体的社会责任。2016年2月19日，习近平总书记在党的新闻舆论工作座谈会上强调："做好党的新闻舆论工作，事关旗帜和道路，事关贯彻落实党的理论和路线方针政策，事关顺利推进党和国家各项事业，事关全党全国各族人民凝聚力和向心力，事关党和国家前途命运。"[①] 主流媒体微信公众号具有弘扬主旋律，正确引导社会舆论的责任和功能。因此，在新闻内容的选择上，主流媒体公众号同时秉承新闻价值和社会责任的原则进行信息推送，为用户提供有价值的新闻。在新闻观点的传达上，通过原创新闻评论等形式，表达主流思想，在引导社会情绪、推动社会发展方面发挥着重要的作用。

2016年3月，"山东疫苗案"经媒体报道在移动端引起网民恐慌和愤怒，一些对事件认识有偏差的网友在微信朋友圈大量分享有关此次疫苗事件的有误信息和带有强烈谴责和不满情绪的微信推送内容，导致网络舆情出现危机。对此，主流媒体微信公众号发挥了强大的舆论引导力，有效疏导了网民情绪，使网民理性参与公共事件讨论，网络舆论场趋于正面。"新华视点"微信公众号第一时间发布主管部门回应信息，对接种问题疫苗的后

---

① 新华网：《做好党的新闻舆论工作，事关旗帜和道路》，2016年2月20日，http://news.xinhuanet.com/legal/2016-02/20/c_128735753.htm。

果进行了客观报道。其后在汇总资讯《失效疫苗危害有多大？》中引用世卫组织的回应："不正确储存的疫苗几乎不会引起毒性反应"，通过专业组织的回应使网民情绪回归理性。"人民日报评论"微信公众号连发《用"食药警察"治理疫苗事件》和《"疫苗失效"：用什么纾解公众的焦虑》两篇文章，在第一时间从制度层面呼吁改革，随后通过对整个事件的梳理与回顾，为避免此类事件提出良方。主流媒体的文章成为其他公众号竞相转载的对象，主流媒体公众号在移动舆论场中掌握了话语主动权，占领了信息制高点。

（二）改变传统话语体系，注重社群运营与用户互动

根据企鹅智酷发布的2016版《微信数据化报告》显示，有价值、趣味性和情感触动是引发媒体文章被转发的重要因素。[①] 基于微信平台传播规律与特性，传统主流媒体微信公众号改变固有话语模式，形成新的沟通与表达方式。在文章标题上，在避免"标题党"的前提下，抓住用户痛点提炼文章内容、撰写标题，使文章标题简洁生动、别出心裁，吸引眼球。在推送内容上，除了原创新闻内容外，筛选整合进行健康信息、情感话题等内容推送，增加实用性信息的比重。"人民日报"微信公众号的运营策略比较有代表性。传统媒体人民日报以权威时政新闻为主，新闻语言多为政治性话语，激起普通受众阅读兴趣较为困难。而"人民日报"微信公众号则一改大报的话语风格，通过开设《健康》《提醒》《荐读》《夜读》等栏目进行生活实用类信息推送，在文章标题中广泛使用网络用语、网络热词等拉近与网民的距离，增加微信传播力。

网络去中心化的传播模式强调了普通用户的地位和作用，传统媒体的

---

① 搜狐网：《2016最新版微信影响力报告 61.4% 的用户必刷朋友圈》，2016年3月23日，http://mt.sohu.com/20160323/n441718246.shtml。

"传者"身份弱化。因此,重视用户生产内容,以用户为核心是媒体公众号运营的指导思想。2015年,微信公众号开通了文章评论功能,普通用户可以直接在文章后以评论的形式与媒体直接交流。而媒体公众号小编可以直接通过后台与用户交流,同时还可以经过筛选用户精彩评论,与其他普通用户分享。于是,普通用户不仅可以与媒体直接交流、得到反馈,还可以看到其他用户的评论,从而与其他用户进行交流与分享。媒体与用户、用户与用户间的双向沟通得以形成,进一步提升平台的社交属性。

三、主流媒体微信公众号发展趋势

(一)树立独立新媒体产品思维与理念是关键

"满足用户需求是媒体转型进行新媒体产品研发的出发点和落脚点。"[①]未来,出彩的主流媒体微信公众号必定具备独立产品思维,即把微信公众号视为独立的新媒体产品进行打造与运营。首先,建立完善的微信公众号运行机制。新传播技术快速更新迭代,这便要求媒体公众号随时改进更新,以保持活力。在人力资源和管理上,安排特定的团队与人员进行微信公众号日常运营工作,微信公众号团队同时具备新媒体技术、新闻采编、产品设计师、数据挖掘人员等,全面保证微信公众号运营。同时设立专项奖励机制,鼓励新媒体人员进行业务创新。其次,制定科学的微信公众号传播效果评估标准,通过定期不间断地对现有主流媒体公众号的传播力、转发力、影响力等进行数据评估,掌握微信公众号的运营现状,从而扬长避短,打造强势信息服务平台。最后,为用户提供简单、新颖而别致的用户体验。在产品开发上,以使用方式简便、核心功能强大、设计具有美感

---

① 黄楚新、王丹:《互联网 + 意味着什么——对互联网 + 的深层认识》,《新闻与写作》,2015年第5期。

和可以实现跨屏互动为原则，培养用户的忠诚度。

在微信公众号运营与商业模式上，积极开展附加业务，进行多元化发展。在保证内容生产与经营分离的前提下，通过多种模式进行盈利。

（二）社交属性增加，用户数据分析与利用得到提升

微信公众号信息传播本质上带有社交属性，因此，主流媒体微信公众号的运营与发展必然带有强烈的社交属性，即推送内容与形式便于交流与分享传播，满足精准传播的特点。通过信息的有效分享吸引具有相同兴趣和需求的用户集聚，形成社群，进行个性化信息推送。媒体微信公众号通过强化信息搜索、信息订阅和社交功能，以满足用户的不同信息需求，打造自主性信息获取平台。微信公众平台拥有丰富的订阅用户数据资源，通过对订阅者信息获取习惯、阅读习惯、分享行为等进行分析，建立用户数据库。一方面勾勒出用户画像，根据用户特定需求进行精准信息推送。另一方面，可以利用用户数据库进行盈利模式开发。例如，通过用户线上信息资料分析，开展对应的线下活动。

（三）以技术为先导提供垂直化信息服务

随着微信公众号数量的增加，主流媒体公众号想要获得用户青睐，一方面，要继续保持强大的优质原创内容生产力，发挥媒体的权威性和公信力优势，赢得用户的信任；另一方面，要深耕垂直领域，打造媒体特色，通过精准的定位为用户提供某一领域或某些领域的专业性信息服务，使得媒体公众号具有不可替代性。移动互联网时代分众化发展趋势明显，这就要求媒体公众号通过垂直化领域信息服务完成精准传播。人民日报海外版旗下的微信公众号"侠客岛""学习小组"等公众号的脱颖而出正是深耕时政类信息领域，看准市场需求，正确把握话语空间与尺度，进行精准推送的结果。另外，紧跟技术发展，将人工智能技术、H5页面等新传播技术

适度引入微信公众号中，进行信息产品形态和信息呈现方式的不断优化和创新，通过技术引领主流媒体微信公众号不断发展。

第五节　中国移动短视频发展现状及趋势

一、短视频行业发展总体概况

2019年至2020年上半年，整个中国互联网市场增速趋缓，大部分仅存的"空白地"被开拓殆尽，单纯依赖流量的增长模式宣告终结，互联网竞争正式进入"存量博弈"时代。作为移动互联网发展的新风口，短视频行业延续了2018年的发展势头，保持稳步增长态势，进入全面商业化发展阶段。

（一）短视频行业规模增长放缓，商业化进程稳中求进

2019年短视频行业规模增长放缓，但短视频依然是移动互联网发展新的流量池，并一举超越综合视频，成为中国第三大移动互联网应用。从用户规模看，截至2020年3月，我国短视频用户规模为7.73亿，较2018年底增长1.25亿，占网民整体的85.6%。[①]2019年上半年短视频用户规模获得小幅度增长，但由于移动互联网流量红利见顶，下半年用户规模迎来"刘易斯拐点"，而受新冠肺炎疫情的影响，用户规模在2020年初又有较大幅度提升。从使用时长看，用户短视频观看时长趋于稳定，日均观看时长在3亿小时左右。从APP日均启动次数来看，2019年12月，用户日均启动短视频APP达26.1亿次，同比增长14.1%，但比6月日均启动次数下降1亿

---

① 中国互联网络信息中心：第45次《中国互联网络发展状况统计报告》，2020年4月28日，https://www.cnnic.net.cn/hlwfzyj/hlwxzbg/hlwtjbg/202004/P020210205505603631479.pdf。

次。以上数据显示，2019年短视频行业获客进程基本完成，下沉市场流量已开发殆尽。① 虽然短视频行业在2019年增速放缓，但依然领跑互联网发展的增长点。Quest Mobile 数据显示，2019年中国移动互联网 MAU（月活跃用户人数）已达11.35亿，1月至11月活跃用户净增299万，增长触顶。但短视频行业 MAU 同比增长达1.23亿，位列第一。② 截至2019年12月，短视频 MAU 同比增长29.5%，已超越综合视频，成为中国第三大移动互联网应用。③ 总的来看，短视频在2019年的低幼、银发、下沉市场的最后争夺战中，依然获利最多，并持续拉动用户在整个移动互联网注意力时长中的占比，保证了行业成熟期的稳定发展态势。

商业化进程稳中求进。从平台侧来看，流量竞争过后，是平台围绕"留量运营"和"商业变现效率"的竞争，而用户使用短视频平台的多元化为竞争增加了难度。因此优化短视频内容、提升平台用户活跃度和营收变现成为平台发展的重心，抖音的"蓝 V 生态计划"，快手的"光合计划"，都在围绕用户的偏好，建立更加丰富立体的内容生态。从内容侧来看，虽然进入2019年后，内容赛道已出现拥挤，但内容生态尚未饱和。各领域内容都在向垂直化进一步细分，以优化内容创作，MCN 作为短视频平台高质量内容的最重要生产者，成为内容与广告的主要连接方式。从变现端来看，短视频变现模式基本为广告、电商、游戏、知识付费以及直播打赏。随着营销模式的不断创新，短视频"带货"成为变现亮点，内容电商崛起并成为常态，短视频平台成为品牌营销新阵地。2019年上半年，短视频电

① Fastdata:《2019年中国短视频行业发展趋势报告》，2020年2月14日，https://baijiahao.baidu.com/s?id=1658443091527888516&wfr=spider&for=pc。

② Quest Mobile:《2019中国移动互联网八大关键词》，2020年1月13日，https://www.Quest Mobile.com.cn/research/report-new/79。

③ Trustdata:《2019年中国移动互联网行业发展分析报告》，2020年2月22日，http://www.199it.com/archives/1010486.html。

商转化率达到40%，包括服装、化妆品、休闲零食、旅游、美食、保险等多种品类，其中服饰类、日化用品两大产品类型的转化比例最高，分别为46%和45%。[①]

（二）抖音、快手竞争格局已定，短视频延续"两超多强"态势

2019年，短视频行业 C 端竞争基本进入尾声，早入局的抖音、快手凭借着先发优势，基本坐稳头部位置。而后入局的腾讯、百度等互联网巨头纷纷将短视频提升到了核心战略地位，重金投入、入口级流量补给，以及丰富的政策资源扶植，但仍追赶前者无望，位居第二梯队。抖音、快手两头部平台龙争虎斗，2019年12月，抖音 MAU 超4亿，快手 MAU 达到3.7亿，由数据可知抖音用户规模始终领先快手一个身位。但值得一提的是，快手10亿红包营销联手2020央视春晚奇袭抖音，实时活跃用户一度超越抖音，抖音则以20亿红包营销携手多家地方卫视抵抗快手的一波强攻。然而春晚效应过后，快手滑落明显，增长的用户留存率不高，很快被抖音反超。2019年12月短视频规模前20的入围名单较2018年未有较大变化，抖音、快手霸主地位稳固，实难撼动，二分天下之势已基本形成。[②]

受益于百度的全域流量，好看视频活跃用户增长气势如虹，进入亿级俱乐部。短视频版"趣头条"刷宝用户规模快速飙升，活跃用户已超3500万，已成为三线及以下城市短视频小巨头。而字节跳动也在2020年春节期间尝试跨界长视频，6.5亿购得电影《囧妈》版权，于头条系多个短视频平台播出，大年初一首映当日头条系短视频平台的使用时长均上涨明显，西瓜视频的 DAU 拉高到5257万，春节期间平均 DAU 也上涨到4540万，同比

---

① 王晓红、郭海威：《2019年我国短视频发展十大态势》，《新闻与写作》，2019年第12期。

② Fastdata：《2019年中国短视频行业发展趋势报告》，2020年2月14日，https：//haijiahao.baidu.com/s?id=1658443091527888516&wfr=spider&for=pc。

增长6.7%。[①]腾讯系除了重启微视外，在产品层面上推出多款短视频APP，结果却不尽如人意，但腾讯战略20亿美元投资了快手，在一定程度上牵制了头条系的产品。同时，微信在开放视频号、朋友圈等短视频入口后，又进一步力推公众号视频入口，多形式渠道入口的引入，布局微信短视频全景生态。总的来说，2019年是互联网巨头在短视频领域的破局之战，随着短视频功能逐渐成为标配，获客之争明显转化为平台之争。

2019年11月，中央广播电视总台"央视频"5G新媒体平台正式上线，"国家队"正式进军短视频。在南抖音北快手的格局下，短视频领域迎来了中场战事。近两年政务媒体在短视频平台上的粉丝人数以及互动频次，体现了央媒在短视频时代的长期缺位，爆款内容如何匹配用户，千万流量如何对应平台，央视频的上线弥补了这一缺位。尤其是在商业平台过度娱乐化的竞争中，主流媒体在短视频领域的"出战"，不仅将消解商业平台"流量至上"的原则，还有可能改变当前短视频领域两超多强的行业格局，助力又一轮的行业变革。

（三）内容由野蛮生长向良性增长过渡，用户消费升级

2019年，短视频内容增速放缓，但增长秩序更具良性。内容作为制约短视频发展的瓶颈性因素，迫切需要优化内容供给。从各内容类型占比看，泛娱乐内容仍占主导地位，但同比2018年已下滑10%以上，降温明显，影视娱乐、搞笑等类别降幅最大。其他类型中，泛文化、泛资讯属于新发力领域，上升明显，泛生活类内容增长最快，Vlog关注度猛增，垂类账号崛起。在各大垂直内容类型中，以时尚、美妆、汽车、运动等表现最好。用户短视频内容消费升级，从娱乐诉求向获取知识、自我价值实现等

---

① Quest Mobile：《2020中国移动互联网"战疫"专题报告——增长策略研究报告》，2020年2月18日，https：//www.Quest Mobile.com.cn/research/report-new/82。

多维诉求迁移。

内容虽走向多元，但 KOL（关键意见领袖）却越来越"聚焦"。数据显示，2019年高品质 KOL 视频发布数量普降，粉丝过百万，有一定基础的红人，发布频率都在下降，而粉丝过300万的高价值 KOL，发布频率下降了24%。粉丝量越高，粉丝忠诚度越高的 KOL，越是放慢了脚步。可见短视频爆发期过去后，高品质内容和精细化运营成为最佳打法。从 KOL 粉丝来看，截至2019年底，仅有33% 的 KOL 处于增粉状态。与上年比较，2018年底粉丝不足30万，而2019年底粉丝突破100万的 KOL 仅占1%，"爆红"概率下降。[①]

（四）行业痛点迎来困局之变，规范出台倒逼优质内容生产

随着短视频的发展一路高歌猛进，短视频行业逐渐变成版权问题的重灾区。由于短视频体量过大、制作时间短，制作者很难通过高效便捷的方式获取著作权人授权，这使得视频制作者面临被诉侵权的风险。2019年4月，全国首例广告短视频侵权案宣判，一条公司由于搬运了一段2分钟的视频用于广告宣传，且并未署名视频原作者，需赔偿作者50万元。这也是短视频领域因侵犯著作权获赔金额最高的案例，受到了行业内外的广泛关注。版权问题另一大热点在于混剪视频，混剪视频往往涉及各类电影、电视剧等作品，存在很大的侵权隐患，虽然国家已经针对这类版权问题出台了相关规范，但具体情况纷繁复杂，难以采取一刀切的处理方式。

2020年4月21日，北京市高级人民法院发布了《关于侵害知识产权及不正当竞争案件确定损害赔偿问题的指导意见及法定赔偿的裁判标准》，其中明确将短视频纳入知识产权保护范围，并明确了赔偿数额和标准，除

---

① 卡思数据：《2019短视频 KOL 年度报告》，2020年1月13日，https://mp.weixin.qq.com/s/0O8O-fp-cVd5VEidTMU2Xg。

了对视频作品的在线直播侵权进行了具体描述外，还明确了分割视频片段并进行网络传播的基本赔偿标准。这样的规定，将对短视频里大量的"搬运工"们造成毁灭性的打击，也将倒逼短视频行业步入良性循环。

想要破解版权问题的困境，除了出台相关规范意见，关键还在打造优质内容和平台。目前短视频平台正在逐步加强与 MCN 机构的合作，抖音、快手相继出台 MCN 扶持计划，为内容生产者提供稳定的内容创作，将 UGC 与 PGC 有机结合，以优质内容驱除劣质侵权内容，在激烈的市场竞争中得以立足。

二、短视频行业发展热点聚焦

聚焦短视频行业内部，2019 年直播带货成为短视频平台一大变现亮点，同时也带动了平台的进一步升级。从"短视频 +X"到"X+ 短视频"，短视频已成互联网标配功能。2020 年上半年，受新冠肺炎疫情影响，短视频以生动、通俗、真实的叙事手段，成功抢占了用户的注意力，而在众多短视频形式中，Vlog 成为短视频发展的新风口。

（一）短视频"带货"作为变现亮点，带动平台升级

2019 年，继用户付费模式后，网红"带货"作为一种新的营销变现方式，逐渐成为行业变现的一大亮点。短视频传播速度快，转化效果好，用户黏性高，以更加直观的体验优势，创造出更多的消费场景，释放出了更大的营销价值。在当前资金流、货流、物流体系都非常完善的情况下，短视频意味着最大的流量，在强大的品牌能力、种草能力及带货能力攻势下，短视频可以发挥出巨大的能量。

另外，短视频还能全面展示企业，相比语音和图文，短视频可以给用户展示出更多的内容元素。企业通过短视频可以更快、更准确地向用户展

示自己的产品。

而伴随消费的升级，KOL 的内容价值得到提升，平台也得以二次升级。2019 年，抖音公布与京东、考拉、唯品会等电商打通，支持 KOL 带货，同期推出小程序电商，在发展路径上，抖音坚持自建小程序电商生态。2019 年 6 月，快手则选择与拥有着相似线性人群分布的拼多多通力合作，快手小店升级，支持微信卖货，在发展小程序上，快手选择亲密拥抱"微信小程序"，打通小程序带货功能。平台的升级使"带货"短视频 KOL 加强社交属性，抢占更多用户资源，也能更大程度提升 KOL 和平台的价值。

从抖音平台的数据情况来看，有一半的 KOL 都在"带货"，其中粉丝量在 10 万 ~30 万的低粉 KOL 是主力人群。但粉丝规模在 300 万以上的高价值 KOL 层级中"带货"占比最高，份额超 8 成。从商品类别来看，美妆个护、时尚女装、居家日用、母婴产品等类别带货数量最多，可见消费者仍然以女性为主，但"她经济"供给狭窄，而"他经济"的市场开发远远不够，"种草带货"类 KOL 还有开发空间。

2019 年，"短视频＋直播＋电商"模式火爆全网。随着电商直播的走俏，快手一改去年"双十一"低调筹划的风格，前期"短视频种草"，后期"直播带货"，竭力将"116 购物节"打造成为快手的电商节日 IP。数据显示，"双十一"活动结束后，辛巴以 3.3 亿热度成为人气卖货王，总销售额 4 亿、总销售单数 650 万，总观看人数 2700 万。[①]"短视频＋直播＋电商"模式通过消费场景的转移，进一步固化 KOL 人设，增强粉丝与 KOL 黏性与匹配度，使得消费更易达成，如今短视频已成为新的消费入口，随着短视频与小程序的打通，社交属性进一步增强，短视频对各产品、服务、场景的展示上显示出天然的优势。

---

① 短视频工厂：《快手电商"双十一"：从 1.6 亿到 4 亿，中小主播崛起、商家入局，狂欢能持续多久？》，2019 年 11 月 13 日，https://www.sohu.com/a/353577120_100005778。

（二）"短视频+X"到"X+短视频"，短视频成互联网标配功能

2019年，各大互联网平台纷纷嵌入短视频功能，短视频已成为大型互联网产品的标配。随着"短视频+资讯""短视频+政务""短视频+电商""短视频+旅游"等模式的不断涌现，短视频已从最初的工具属性变为流量高地。各大媒体纷纷入驻短视频平台，以实现对更大舆论阵地的占领。2019年8月，《新闻联播》正式入驻抖音、快手平台，依托央视优质内容，《新闻联播》迅速在两大平台获取了不少粉丝，取得了良好的反响。随着近年来城市网红意识的觉醒，MCN机构大量涌入短视频平台，助力了文旅短视频的快速崛起。有料的创意、专业的创作，再加之短视频平台的推广，很快催生了"打卡经济"，加大了城市宣传力度的同时，也拉动了旅游城市的经济增长。

短视频带来的这种"注意力经济"的成功转化，让各大互联网平台跃跃欲试，而在这一年中，除了入驻独立短视频平台，互联网巨头也在悄然布局，短视频的风也从C端吹到了B端。淘宝、京东等电商平台，已基本完成产品的图文展示向短视频展示的转化，但在电商短视频APP的开发方面，虽然尝试了几年，但一直没有获得预期的效果。而直播间的嵌入，在2019年大获成功，也给了电商平台不少信心。在招聘行业，快手招聘为招聘行业打开了新的视野，短视频招聘逐渐成为互联网招聘中日趋流行的新手段，钉钉、赶集网等招聘平台纷纷试水短视频，从短视频平台抽离出来的短视频招聘，面对社会需求和行业竞争，也在致力于摆脱娱乐化，向着更加专业的方向转变。在旅游行业，马蜂窝、携程等在线平台，看准短视频带来的新机遇，纷纷开始布局短视频领域，线上线下联动，覆盖用户、商家、景点等多个节点，加速"内容+交易"闭环的转速，寻找新的内容变现模式。

可见，越来越多的平台或行业选择将自己的产品短视频化或将短视频变成服务用户的产品。短视频发展的今天，视频化已经成为媒介传播的不可忽视的力量。在C端短视频产品已经处于饱和状态下，短视频在B端仍有巨大想象空间，尤其是可视频化程度高的平台或行业，短视频已逐渐被抽离独立的短视频平台，成为互联网各大APP的标配。

（三）Vlog成最热短视频传播方式

2019年Vlog以其生活化、真实化的特征成为短视频领域最热门的传播方式。一方面，各类MCN机构的KOL以原创的故事性表达树立个人形象，打造个人品牌，实现了内容变现；另一方面，普通用户也开始热衷以Vlog形式记录生活，开启视频社交新模式。

值得关注的是，2020年新冠肺炎疫情的暴发，考验了新闻媒体应对公共突发事件的报道能力，也倒逼了传统媒体报道形式的改革。疫情信息的缺位、大众心理的恐慌、传统媒体的时长限制、新媒体中快速传播的谣言以及某些辟谣式造谣的现象，使得用户对网络短视频的需求激增。而在各类与疫情相关的短视频形式中，Vlog以其直观、生动的表达，满足了处在疫情隔离当中的用户全方位的需求，特别是反映疫情一线的医生、护士、志愿者、施工队等充满人文关怀的正能量Vlog，不仅给未在前线的公众带来一手真实信息，也能第一时间打破谣言，防止恐慌心理的蔓延。

三、短视频发展面临的问题与困境

在短视频产业的快速发展过程中，各类问题也不断凸显。短视频的社交属性与算法机制进一步加剧了"信息茧房"效应与圈层固化等问题，尤其对青少年的人生观、价值观培养造成了不利影响。同时，激烈的竞争也为平台发展带来困境，如何在实现利益最大化的同时，担负起相应的社会责任，是当前平台发展面临的两难问题。

（一）警惕低质短视频对青少年造成的负面影响

短视频的快速增长意味着变革的迅速发生，在享受发展红利的同时，许多问题也逐一暴露。内容爆发时代，在商业利益、流量思维的驱使下，形成了复杂格局，虚伪的真实、过度娱乐化、负面情绪化等问题大行其道。

随着00后等群体的触媒，短视频平台的用户画像更加偏向青少年，初中及以下学历用户短视频热情高涨，用户规模持续增长，与之相伴随的情况是，高学历用户正快速逃离短视频平台。[①] 综上可见，纷繁复杂的短视频内容，正在影响着广大的青少年群体的成长。2019年8月，14岁女孩哲哲模仿博主"办公室小野"用易拉罐做爆米花的视频，结果使用的高浓度酒精在操作过程中发生爆燃，哲哲因伤情过重身亡。这件事随后便引爆网络，"办公室小野"删除了这条发布于2017年的视频，并且宣布停更。模仿是青少年在成长过程中非常重要的社会化表现，短视频中包含着很多低俗化、娱乐化等良莠不齐的猎奇内容，极易引起青少年群体的风险性模仿，从而危害身心健康。

如何满足各层级公众对短视频信息不同的需求，形成健康的新媒体信息生态，是未来的重要课题。现阶段需要出台更加规范的行业标准，同时平台也应加强社会责任感，目前抖音上线的"风险提示系统"和"时间管理系统"，快手上线的"家长控制模式"等，都是用来保护青少年群体的。未来也可借鉴电影、游戏，尝试短视频内容的分级制度，并推行完善的互联网实名制度，有效识别青少年身份，保护青少年远离有害内容。总之，

---

① Fastdata：《2019年中国短视频行业发展趋势报告》，2020年2月14日，https://baijiahao.baidu.com/s?id=1658443091527888516&wfr=spider&for=pc。

平台、政府与大众都需要用更加专业和冷静的态度对待短视频的发展，不在狂欢时失智，才能保证其在健康生态中运行，在良性环境中发展。

（二）价值理性在商业逻辑中难突围

短视频行业从产生之初到异军突起都离不开其背后的商业逻辑，每一次的突破性发展都不是突发状况，其背后的重要推动机制之一就是资本力量的精心策划与营销模式的不断创新。而无论是平台内的 KOL，还是普通用户，都在群体不断地自我赋权过程中，逐渐累积起巨大的商业力量，这一过程中也暗含着经济利益导向，这一导向的后果就是理性表达的缺失和传统话语的消解。从抖音和快手平台内部的热议视频内容来看，更受推崇的短视频大多为同质性娱乐话题或与之相关的模仿行为，缺少真正能够推动文化发展或是与社会现实议题相关的讨论和参与行为。

商业触角得以蔓延取决于多方责任，短视频本身的低门槛也决定了平台运营的基本逻辑。虽然平台的发展离不开商业的形塑，但平台的生命力却在于内容的创新性。因此，平台以及平台的监管者需要对短视频行业的走向及时进行批判性思考，对目前短视频行业内部出现的各类问题进行反思，引导用户进行理性化表达，与 MCN 机构合作凸显其文化价值，打造优质内容和平台，让平台的活力得以良性延续。

四、短视频行业未来发展趋势

短视频将成为未来几年互联网行业变革的重要推动力，各行业和机构都能利用短视频创造更多发展机会。无论是平台还是用户，借助新技术的落地应用，都将迎来新一轮的创新升级。纵观整个行业的发展方向，风口过后，完善的社交链将成为固流之本。

（一）内容消费带来分发升级

随着短视频行业火山爆发式的增长，流量思维一直推动着"投其所好式"的大量碎片化内容分发，进而形成用户的"沉浸陷阱"，让消费从高效到低效。尤其是引入了算法推荐的内容行业，当前的人机协同个性化推荐，给用户造成了需求偏差、视野孤岛、过度沉浸等问题，未来需要打碎"填鸭式"的内容供给，分层打造更精微的"集束化内容分发系统"，优质内容更精微的靶向投放，也让用户得到一个持续性的"高效内容光谱"，实现消费者和内容创作者同步受益。[①]

个性化内容分发基本实现了信息由面到点的过程，但从用户反馈来看，目前的内容分发机制远未达到用户的预期。而未来将全面发展起来的人工智能技术，将使人机协同深度融合，对用户偏好的收集更加精细化，让用户的显性和隐性需求都能够被识别，并在适当的场景予以高效满足。集束分发不属于新技术，但却是分发思维的转换以及技术的纵深发展。

在全局消费将迎来新变革的未来，娱乐之上，价值成为大众的新共识。头部内容用户对垂类内容产生更加强烈的品质消费需求，大众内容用户对泛知识类产生学习需求和消费渴望。未来平台需要摆脱流量思维，坚持价值优先理念，升级分发模式，为每一位用户都提供"营养均衡"的视频内容。

（二）5G 赋能推动服务创新

移动视频特别是短视频总是随着技术的发展快速演进，自动播放、根据情境自动静音、自动加载字幕等，技术的每一步发展都快速体现在移动视频的传播上。2019 年 10 月底，工信部宣布 5G 商用正式启动，移动通信

---

① 企鹅智酷：《中国内容产业趋势报告（2019—2020）》，2019 年 12 月 4 日，http: // www.199it.com/archives/975262.html。

技术迭代升级将带来短视频服务边界的扩展与经济效能的提升。

一方面，在5G网络的影响下，单一技术不再是一个个的孤岛，而是变得越来越紧密，技术间的相互依存和影响，将带来技术应用的价值增值。5G技术搭载下的VR/AR、超高清、人工智能、动作捕捉等前沿科技走向应用，尤其是在PGC领域将为视频内容产品的多样化表达带来更多机会。在多种技术的交互作用下，未来短视频的相关产品和服务将更智能、更高速、更个性化、更具互动性且更加真实。

另一方面，智能互联时代，万物皆媒将在极大程度上拓展短视频内容的传播渠道，内容创作者在内容创意和形式创新上利用技术升级实现更多可能，这将驱动短视频产业与其他产业的关系不断演进，催生更多渠道平台以及细分业态，例如在各大短视频平台已经大规模应用的"边看边买"技术，实现了短视频和电商平台关系的重构，催生了"直播带货"这一新的短视频平台变现形式。

随着5G时代的到来，媒介的内容生产、传播、表达以及接收方式都将发生改变，同时也给短视频领域带来了机遇和挑战。新技术的应用正带领短视频行业进入新的发展时期，许多服务和产品也将在未来取得突破，如何借助技术变革产出更优质的作品，在MCN机构和KOL不断涌现的时代脱颖而出，是未来平台方和内容创作者们都应思考的问题。

（三）优质内容带动审美观升级

短视频平台的商业竞争史，同时也是用户审美观的升级史。在短视频异军突起之始，内容创作者为制造流量，利用用户的猎奇心理，以低俗内容吸睛，致使用户争相模仿，一时间短视频被视作互联网的洪水猛兽。但随着良性竞争机制的引入，内容生态在优胜劣汰法则的过滤下，开始朝着健康向上的方向发展，用户的审美观开始被重构。

《2019年全国未成年人互联网使用情况研究报告》显示，2019年未成年网民规模为1.75亿，经常收看短视频的比例达到46.2%，较2018年提升5.7个百分点，仅次于听音乐和网络游戏，成为最普遍的网络娱乐之一。[①]作为以青少年为主要活跃用户的短视频平台，其内容在无形中引领用户审美观的养成，也建构着用户的知识体系与媒介素养。尤其是在知识传播成为短视频平台发展新趋势的今天，用户不仅可以吸收泛在化知识，还能获取隐形的美育价值，逐渐建构起完善的网络短视频审美观，倒逼内容生产者不断创新理念，提升作品的艺术价值。

在 MCN 机构与 KOL 们激烈的竞争中，未来的短视频内容创作将更加注重专业的艺术化景观与审美标准，场景作为短视频的载体，也将越来越重要。短视频内容更多集中在生活化的表达，生活场景中的每一个细节都会给用户审美带来不同的影响，隐形的审美价值塑造也会通过这些艺术化的景观，使用户自行建立起对短视频内容价值的评价体系。这也将进一步加强内容生产的优胜劣汰机制，打造健康短视频行业生态。

（四）社交链的强化将成为固流之本

短视频平台之间流量争夺战固然重要，但是流量的最终存留才是平台追求的根本，也是风口之后平台的立足和发展之道。因此，短视频平台未来的竞争对手不会止于短视频平台，竞争领域也不会止于短视频，游戏、直播等变现新方向都是致力于打造以社交链为核心的新型短视频综合社区的不同手段。如何强化社交链，是短视频底层逻辑的最新变化。

从目前的短视频短板来看，社交属性不强是短视频发展的非良性趋势之一。用户之间的互动以及用户与 KOL 之间的互动，仅仅局限于评论留

[①] 中国互联网络信息中心：《2019年全国未成年人互联网使用情况研究报告》，2020年5月13日。

言，得不到反馈和细分深入交流的对话，这只是线下社交转向线上，只停留在短视频社交化层面，远未达到社交的视频化。2020年4月，抖音推出"连线"和"熟人"新功能，推进了短视频的社交化进程，也释放出了抖音由工具型视频平台向视频社交平台转化的信号。然而短视频社交化的发展潜力还取决于用户对社交的需求以及平台对用户社交需求的理解程度。对于短视频平台最活跃的青少年用户来说，小众文化或亚文化是他们最为推崇的，而公域社交媒体很难捕捉到这部分需求。因此，青少年用户更倾向于选择私人化、布局垂直领域的社交空间，这极易造成用户的流失。如何了解用户的社交需求，以及平衡传统价值和新兴小众文化的传播，都是短视频社交化趋势下亟待研究的方向。

如果说熟人是私域社交的基础，那KOL就是公域社交的磁石。随着更多MCN机构不断涌入短视频平台，KOL内容的生产越来越专业，但在内容优质化的同时，也为新KOL的进驻制造了门槛，为信息和社交的进一步泛化带来了潜在影响。KOL之间的竞争遵循"内容为王"的根本，但对于平台的发展和竞争，如何稳住产品需求才是关键。因此，在视频社交化的趋势下，平台应积极构建合理的商业生态圈，把握好与MCN和KOL们的关系，这是强化短视频社交链的核心，也是短视频行业未来发展的关键。

第三章

我国移动传播客户端实践研究

第一节　移动传播下微信早间新闻的发展特色

随着大数据、人工智能、5G 移动技术的不断发展和成熟，万物互通、媒介互融，传统媒体与新兴媒体的融合进一步走向深层次和常态化。我们熟悉的早间新闻已将"战场"从传统媒体平台扩展到了新媒体平台，以人民日报微信公众号《来了！新闻早班车》栏目为代表的新媒体早间新闻，立足自身定位，板块划定清晰，在强调人文关怀的同时充分利用新媒体平台优势，在融媒体时代下获得了广大用户青睐。在未来，微信早间新闻在机制、技术、用户和战略合作等方面将持续发展，在融合的广度和深度方面将呈现出新的发展态势。

一、移动传播下的微信早间新闻

（一）移动传播时代的基本特征

当今世界正处在前所未有的技术变革之中，传媒进入了融媒体时代。媒体融合时代是报纸、广播、电视等传统媒体与互联网新兴媒体各自发挥自身优势，实现新闻信息互通、新闻资源共享、新闻内容兼容、新闻传播互融的时代。在这个时代背景下，传统主流媒体必须抓住信息化的时代机遇，顺应时代要求，实现媒体深度融合。从2014年媒体融合元年至今，我国的媒体融合已逐渐走向"深水区",融媒体的特征越发明显。

1. 主流意识形态传播平台搭建

在传统媒体时代,权威报纸和广播电视是主流意识形态的主要宣传阵地,但是在传统媒体和新兴媒体融合的时代下,各类信息甚至国家政策也会通过新媒体平台来公布,逐渐搭建起了主流意识形态传播平台。当前,"两微一端"成为新型主流媒体传播政务信息的重要渠道,许多政府部门开设了微博认证账号、微信公众号甚至抖音账号来发布信息或与群众互动,凸显了"融"时代的参与特点。

2. 移动优先,媒体随用户"迁移"

当下媒体融合时代,"流量为王"策略逐渐失效,取而代之的是深度挖掘用户需求,重视争取更多的潜在用户。截至2020年12月,我国网民规模达9.89亿,手机网民规模达9.86亿,网民使用手机上网的比例达到99.7%。当下不仅是媒体融合的时代,更是一个移动互联网时代,"终端随人走,信息围人转"的特点从未如此明显,因此媒体随用户"迁移"也成为当下"融"时代的重要特征。

3. 视频传播常态化,注重信息互动性

传统媒体时代,信息的传播形式主要以文字和图片为主。如今视频传播技术的发展使得视频传播成为常态,主流媒体可以通过"两微一端"平台将信息以视频形式传播,简明扼要的信息传播模式极大地迎合了当下用户碎片化利用时间的习惯。同时,在融媒体时代,信息传播的边界逐渐模糊,人人都可以参与到对信息的讨论中,信息互动性增强也是传统媒体和新兴媒体融合的显著特征。

（二）微信早间新闻发展概况

早间新闻一般是指在早晨时段播出的比较精简的新闻,具有新、近、快的特点。传统早间新闻主要在电视或广播等平台上播出，它们的主要受众为早起看电视的中老年群体或者听新闻的"有车一族"，包括但不限于私家车驾驶员、出租车司机、公交车司机等。但随着媒体融合的深入发展，传统媒体纷纷实现了内容传播的网络化，其中微信公众号以其轻便的优点成为人们获取信息的主要渠道。例如人民日报、央视新闻、新华社，个人账号"冯站长之家"等都开通了《早间新闻》这一栏目。虽然提供讯息的本质相通，但这些公众号在栏目的设置上各有千秋。人民日报以早间新闻栏目《来了！新闻早班车》作为一天新闻推送的开始，封面摘要"昨夜，你错过了哪些大事？今天，有什么新闻将发生？"突出了其总结过去、预告未来的特征；央视新闻《早啊！新闻来了》栏目与其传统电视传播平台形成互补关系，并开创了《今日提示》《那年今日》《今日话题》等板块以加强与公众的互动与交流；新华社的《早知天下事》关注国内国际重大时事，添加新华社客户端直播预告以助力新华社"两微一端"矩阵化发展。另外个人账号"冯站长之家"开创的《三分钟新闻早餐》集聚了来自新华网、中新网、腾讯、凤凰网等多家网站的新闻资讯，为广大用户提供早间新闻，虽说是个人账号，但每天的阅读量也能达到10万+，"在看"数1.7万左右。

　　相较于传统传播平台上的早间新闻，微信公众号早间新闻具有一些独特优势：（1）传播速度快，微信公众号只需要在线上编辑发送即可，不需要经过烦琐的制作程序；（2）传播范围广，公众只需要拥有一台联网手机即可实现信息接收，突破了时间和空间的限制；（3）传播形态丰富，微信早间新闻除了文字、图片等传统信息展现方式外，还拥有语音播报、视频播放等新形式；（4）用户参与感强，相较于传统的"单向输送"，微信早间新闻除了可以在文章末尾右下角点"在看"之外，底下的留言框也为用户积极参与互动提供了新的渠道。正是这些独特的优势，使得微信公众号的早间新闻栏目获得了比较好的发展势头。

二、人民日报微信公众号早间新闻的发展特色

《来了！新闻早班车》是人民日报微信公众号下的一个栏目，为用户推送早间新闻资讯。该栏目迎合公众移动化阅读习惯，推送内容以简短的100字新闻为主，更符合受众碎片化的阅读方式。栏目每天清晨推送半小时左右，阅读量即可达到10万+，每日阅读总量达到40万次以上。本书以该栏目从2019年9月1日至2019年10月20日（共计50天）的推送文章为研究对象，借以分析该栏目的发展特色。

（一）推送时间规律，日推送新闻数基本稳定

新媒体时代，传统主流媒体在话语权上的"霸主"地位逐渐消失，大量新兴媒体进入传媒领域，传统主流媒体面临着人才和用户双向流失的尴尬状况。人民日报《来了！新闻早班车》栏目每天的推送时间为凌晨5点30分到6点之间，固定的推送时间有利于形成固定的用户群体，增强用户黏性。据统计，2019年9月1日到10月20日，这50天内人民日报《来了！新闻早班车》栏目共发布新闻数1364条，每日平均新闻数为27.28条，没有停更现象。该栏目每日规律性地发布新闻信息，培养了受众的阅读习惯，推送时间和推送数量的基本稳定使得公众号栏目积累了一定数量的忠实读者。

总体来看，人民日报微信公众号早间新闻的推送时间和推送数量较为适当，在规律性的日常更新中获得了用户青睐。首先，《来了！新闻早班车》的推送时间匹配了早起上班族的作息时间，在通勤途中可以选择微信早间新闻浏览；其次，清晨这个时间段用户尚未完全清醒，再加上碎片化阅读时代受众阅读习惯发生改变，字数少但质量高的新闻更符合受众的阅读期待。

（二）自身定位清晰，坚持舆论引导

人民日报以"参与、沟通、记录时代"为口号进驻微信新媒体平台，作为中央级的主流媒体，其肩负着宣传国家大政方针，做好舆论引导的重要使命。《来了！新闻早班车》栏目也始终坚持这一定位，在对新闻内容的选择上发挥议程设置功能，将重要的符合主流价值和规范的新闻放在显要位置，发挥舆论引导功能。

在对《来了！新闻早班车》栏目内容的分析中，发现其在编辑理念上具有以下特征。第一，围绕核心报道国家大事，几乎每期《来了！新闻早班车》都会把习近平总书记的重要活动或讲话放在首条，作为"要闻"发出。第二，重点关注重大事件，当近期发生或将要发生重大事件时，编辑会特别关注。例如，在新中国成立70周年之际，《新闻早班车》连续3天报道相关事件，以突出其重大性。第三，强调连续追踪报道。例如，从2019年9月28日开始，该栏目连续四天对女排在世界杯夺冠的新闻进行持续性报道。第四，注重对正确价值观的引导。该栏目对新闻的选择倾向于报道正面积极的事件，引导社会公众形成正确价值观，保持积极向上的社会风气。

遵照习近平总书记关于新闻舆论工作的重要论述，人民日报作为党媒，必须牢牢坚持党性原则，坚持马克思主义新闻观，在网络空间中把握好舆论导向。人民日报微信早间新闻立足这一定位，为用户筛选符合时代特征和舆论导向的新闻信息，践行舆论引导使命。

（三）内容板块明确，排版简洁，信息价值高

当下的新媒体早间新闻逐渐形成了板块化的特点。《来了！新闻早班车》栏目每天的推送内容包括四个板块：要闻、社会、政策和生活提示，其中要闻占比37.4%，社会占比36.8%，政策占比13.8%，生活提示占比

12.0%，如图3-1所示。"央视新闻"公众号的早间新闻栏目《早啊！新闻来了》也分为了"要闻、国际、社会、财经、文体和今日提示"板块。在排版上，人民日报早间新闻会在两条新闻之间空出一定的空间，这使阅读界面看起来更加简洁宽松，缓解了视觉上的挤压感，拥有更好的阅读体验。

根据企鹅库《2019中国网民新闻消费偏好报告》显示，在中国互联网咨询消费者中，平均每天资讯消费的时间达到59.9分钟，其中67.4%的用户每天会拿出60分钟以上的时间用来看资讯。那么在快节奏的社会生活中，简化冗杂信息是新闻媒体需要重点考虑的问题。《来了！新闻早班车》栏目将信息分为不同类型，用简洁易读的排版方式、简短易懂的叙述语言进行集中化表达，在繁杂的信息海洋中选取有价值的新闻信息并以尽可能简短的语言文字进行陈述，这保证了早间新闻的信息质量和价值性，满足读者对信息资源的需求，从而更有效地节省了用户资讯消费的时间，提高阅读效率。

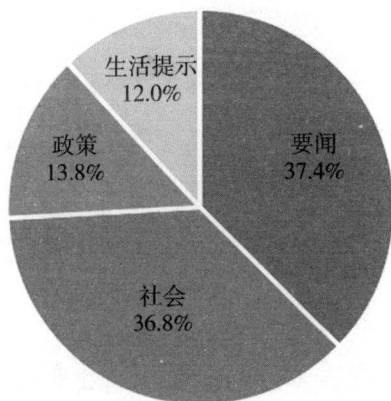

图3-1 《来了！新闻早班车》内容板块占比图

（四）注重人文关怀，亲民与严肃并举

人民日报虽为党媒，但其为人民服务的本质不变。"融"时代下，传统媒体"居庙堂之高"的传播方式已不再适用，人们对具有亲和力和接地气的媒体更具接受度。卡茨的"使用与满足"理论从受众角度出发，认为受众基于自身需求寻找满足符合自身动机的信息。受众使用媒介的目的并不相同，如今他们更多地享受着媒介使用的控制权。人民日报微信早间新闻在内容选择上从国家大事覆盖到地方小事，从普通读者角度为公众提供各类信息。强调内容的服务性和实用性、强调人文关怀、贴近百姓生活的内容成为推送主流。例如，在推送中报道了有关山东、天津、北京、济南、长春等五个地区的信息，满足不同地区人们的需求。特别是在"生活提示"这一板块，为公众提供关于交通、出国签证、天气变化、旅游优惠等多个领域的信息，在内容选择上更加亲民、更具人性化。除此之外，该栏目在所有的新闻结束之后，还设置了一段早安语，每天的内容都不同，但主旨都为激励人心、让人奋进的正能量内容，在简洁严肃的内容之外增添了一份温情。

权威的人民日报走向微信端后，在更具亲民性的同时保持传播的严肃性。例如上文中提到的总是将国家大事和重要事件放在显著位置，加强对社会主流价值观的引领、对社会正能量的弘扬，该栏目始终秉持党媒建设这一根本定位，重视在媒体融合时代主流媒体对话语权的引导，构建现代传播体系。

（五）图文组合，内容多样化呈现，配合受众阅读习惯

心理学研究曾经证明，人类存在着"生动性偏见"，具有视觉显著性的信息容易左右人们的判断。在媒体融合的大环境下，新闻媒体除了利用文字传播之外，图片、音视频等的加入会提高受众的阅读体验。人民日报

微信早间新闻在传统编辑结构外延伸了新的图文结构，即在文字叙述的基础上加上图片或者 GIF 动图作为对文字的补充，且每段文字不超过百字，迎合了当下受众碎片化的阅读习惯。

"文字＋图片＋动图"的新闻表现方式具有传播信息量大、表现力强的特点，能够极大程度上凝聚用户注意力。在 50 天的内容推送中，包括 GIF 动图的推送有 12 天，日平均图片数量达到 8.7 张（除去动图）。同时在视觉传播之外还增加了听觉传播，"温柔的女声＋柔和的背景音乐"给了用户良好的阅读感受。甚至在播报不同的内容时会采取不同的语音、语调和音乐节奏，以语音服务增强情感能量。文本、图片、音视频的合理配置形成了互相补充的关系，让受众在不方便"看"新闻的时候可以选择"听"新闻，接收方式更具多元性。

（六）内容聚合传播，解读新闻的能力增强

微信早间新闻时间上的特殊性，决定了短而精的新闻信息能够被用户更好地理解和接受。每条新闻信息不超过 100 字，提炼和总结了新闻信息最核心的内容，让新闻用户在最短的时间内获取更多的信息。对于那些难以用一句话叙述完整的、比较重要的新闻信息，编辑会在消息末尾添加"详讯"链接。例如，2019 年 10 月 15 日《来了！新闻早班车》对发布的"云南省高院 14 日对孙小果强奸、强制侮辱妇女、故意伤害、寻衅滋事一案依法再审开庭处理"这条信息添加了"详讯"链接，点开后文章内容来自人民日报微信公众号的文章《再审孙小果》，全文一共 1477 个字，阅读时间大约在 4 分钟。通过这样的编辑方式，既能实现《来了！新闻早班车》简洁易读的目的，还能将人民日报传播矩阵中各平台内容连接在一起，实现聚合传播。

"融"时代下，各类信息互通互融，微信早间新闻也必须具备统筹整

合信息的能力。《来了！新闻早班车》栏目将这类关联性较强的新闻链接在一起，组合深化新闻内容，让受众感受到最优化的新闻信息。这种帮助受众梳理新闻，在短时间内提高受众获得有效信息量的编辑特点，强化了微信早间新闻解读新闻信息的能力，继而从根本上提高了早间新闻栏目的质量和影响力。

三、微信早间新闻未来发展态势

微信自2012年推出公众号平台之后，其扩张和发展速度惊人，截至2020年，公众号数量已超过2000万个，但是在打开率和分享率呈明显下滑趋势的当下，微信公众号想要获得持续的高关注度非常不易。在未来，微信早间新闻在机制、技术、用户和组织合作等方面将持续发展，在融合的广度和深度上不断突破，从而实现传统媒体和新兴媒体融合走向全新的发展阶段。

（一）创新发展机制，充分利用品牌优势

党的十八大以来，以习近平同志为核心的党中央从更高的战略层面，做出了推动传统媒体和新兴媒体融合发展的规划，习近平总书记在人民日报社进行调研时指出，要抓紧做好顶层设计，打造新型传播平台，建成新型主流媒体，扩大主流价值影响力版图，让党的声音传得更开、传得更广、传得更深入。人民日报《来了！新闻早班车》栏目，其在品牌优势发挥上还存在一些问题，并未成为人民日报在新媒体平台上具有代表性的品牌栏目。在传统媒体中代表着权威和公信力的人民日报，转入新媒体平台运作后，具备将这种品牌形象灵活运用以促进其新型主流媒体建设的优势。

（二）紧抓技术红利，挖掘原有内容优势

技术是媒体发展的最强驱动力之一。不置可否，我们已经进入互联网发展的"下半场"，上半场以用户大量涌入带来流量的模式已经逐渐消失，随之而来的是"下半场"由技术发展所带来的新的发展机遇。如今，5G 技术飞速发展，人工智能产品在新闻传媒领域的广泛应用已经极大地改变了传媒生态。各类短视频平台的火爆、新华社的 AI 主播、AR/VR 沉浸式新闻体验等各类新形式意味着更多流量的涌入。为了改变当下传统媒体缺乏优质资源和新兴人才的状况，新型主流媒体必须把握住技术发展红利，将技术创新融入优质内容的生产当中，广征新媒体技术人才，在媒体融合竞争中占领一席之地。

《来了！新闻早班车》栏目以"图文推送 + 音频语音播报"为主，在未来可以适当加入视频、活动、投票、抽奖、H5 和小程序等多元化的传播形态，以更多的传播形态吸引公众的目光。根据 iiMedia Research 发布的《2020—2021 年中国短视频头部市场竞争状况专题研究报告》显示，2021 年中国短视频用户将达到 8.09 亿，较 2020 年同比增长 12%；且其市场规模持续扩大，到 2021 年预计接近 2000 亿。当下短视频行业兴盛，央视新闻的微信早间新闻栏目《早啊！新闻来了》中就已添加短视频播报，在新闻编辑中加入短视频信息，甚至新开短视频早间新闻栏目都是未来具有可能性的选择。

（三）优化用户体验，激发用户活力

人民日报微信公众号粉丝数已达到 3500 万，在微信平台所有的媒体公众账号中稳居第一。根据清博大数据网站显示，人民日报微信公众号的活跃粉丝数为 100 万 +，而早间新闻《来了！新闻早班车》栏目每天的阅读量只有 40 万 +。虽然人民日报微信公众号的粉丝规模巨大，但是活跃粉丝

数相对来说较少，深度挖掘用户需求，激发用户活力成为未来早间新闻取得竞争优势的重要方面。

优化用户体验，激发用户潜在活力，除了宏观层面的改革，更需要从细节之处着手。（1）合理安排信息推送界面。清晨人们的意识还比较模糊，对于信息的接收和理解能力并不处于活跃状态，如果早间新闻的数量或字数过多、图片安排不合理、排版杂乱很容易激起用户的厌烦心理，从而出现推送没看完就潦草退出甚至不再点击的情形。（2）留言回复的设置。对人民日报微信公众号《来了！新闻早班车》栏目的留言区进行观察后，发现在2019年9月1日到10月20日这50天之中，每日平均留言条数为17.46条，留言回复率为17.2%，留言回复率较低。除此之外，还存在留言回复频率不稳定的问题，在这50天之中只有9天的回复率达到50%以上，有31天的回复率是0，如图3-2所示。

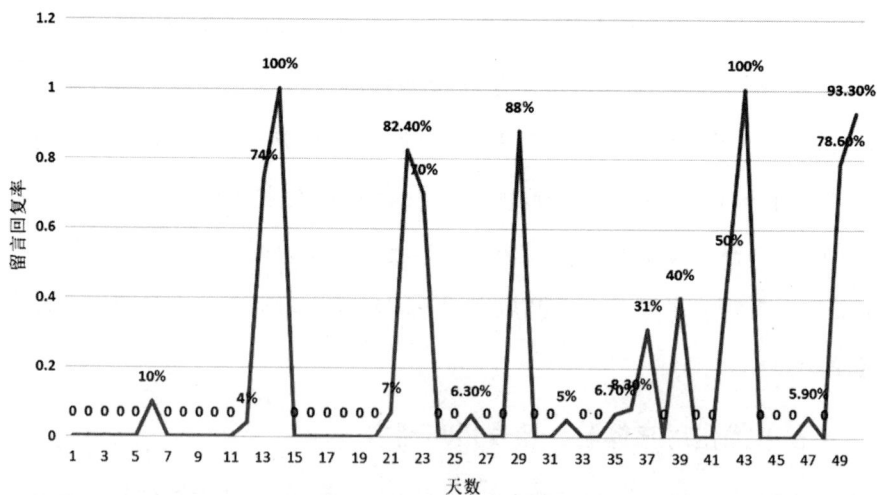

图3-2 《来了！新闻早班车》留言回复率变化图

（四）实施战略合作，创新传播策略

广义的媒体融合包括一切媒介及其有关要素的结合，汇聚甚至融合，不仅包括媒介形态的融合，还包括媒介功能、传播手段、所有权、组织结构等要素的融合。其中，不仅涉及各种媒介形态，还包括不同的部门、组织，甚至是不同媒介机构，微信早间新闻的未来发展离不开战略合作。

《来了！新闻早班车》栏目50天的内容推送中有5天添加了超链接，涉及的链接主体有人民日报客户端、北京市公安局交通管理局网站等。未来微信早间新闻要进一步加强内容的聚合传播，对有需要添加"详讯"或者超链接的内容做好前期规划，在具体的做法上要确定好需要超链接连接的传播主体、合理安排推送时间、合理布局各大板块和新闻头条等，争取用最少的时间和版面达到最好的传播效果。在推送中添加超链接有利于将不同的组织或部门信息连接在一起，一方面可以加强互联网信息的聚合传播，为用户提供更便捷的信息获取渠道；另一方面也有利于人民日报新媒体传播矩阵的发展，进一步促进传统媒体向新媒体转型，构建新型主流媒体。

第二节　报业转型的样本

随着移动传播时代的不断推进，越来越多的传统媒体抓准自身定位，发挥本土优势，积极探索一条独具特色的转型之路。澎湃新闻成立五周年之际，推出澎湃号、澎友圈两个全新频道，对新闻客户端的信息源和平台建设进行整合与开拓。本节探究了澎湃新闻的差异化发展特征，揭示其通过一站式融合政务号和媒体号，为用户搭建自由交流的"问吧"新闻问答社区，挖掘湃客打造原创优质的内容，开辟澎友圈增强用户的互动感和使用黏性，从而形成独具"澎湃"特色的新媒体平台，成为传统媒体转型的

亮点。

新媒体的出现改变了人们沟通交流的方式，重塑了当下的媒介环境。根据中国互联网络信息中心调查数据显示，截至2020年12月，我国网民规模为9.89亿，较2020年3月增长8540万，互联网普及率达70.4%。其中，手机网民规模占到99.7%，达9.86亿。融媒时代的不断推进，对新闻生产提出了更多的新要求，不仅要打破文字、图片、视频间介质的界限和纸质与网络间平台的壁垒，而且还要借新媒体之力，将分散的生产资源集合到一个统一的平台上来进行整合升级。在此过程中，传统媒体发生了翻天覆地的变化：从初期由线下印刷转向线上平台，"两微一端"（微博、微信和客户端）几乎成了每个新闻媒体的标配，到以人民日报"中央厨房"为代表的数字报业出现，越来越多的传统媒体抓准自身定位，发挥本土优势，大胆创新，积极探索，寻求自己的发展之路。

作为上海报业集团由传统纸媒向新媒体转型的第一个成果，澎湃新闻既是继承者，也是开拓者。根据2019年上海市委网信办发布的数据，在总传播力、总影响力、单篇平均传播力、单篇平均影响力四个指标上，澎湃新闻是上海媒体中的领先者，在全国媒体中名列前茅[1]。2019年7月，正值澎湃新闻成立五周年，推出澎湃号、澎友圈两个全新的频道，对新闻客户端的信息源和平台建设进一步进行整合与开拓，这次升级意味着澎湃已初步形成自身内部"原创＋自媒体／政务＋社交"的生态[2]。澎湃新闻自上线以来，一直致力于通过互联网技术的创新，实现传统媒体模式和功能上的突破，不断探索媒体融合模式和规律，形成了独具"澎湃"特色的差异化发展。

---

[1] 澎湃新闻：《澎湃新闻社会责任报告（2019年度）》，2020年7月16日，https：//www.thepaper.cn/newsDetail_forward_8294416。

[2] 搜狐：《澎湃五周年献礼之作丨上新了，澎湃号、澎友圈、Sixth Tone APP》，2019年7月25日，http：//www.sohu.com/a/329366978_161419。

一、专业多元：政务媒体一站式融合

融媒时代下，通过智能移动端进行网络阅读、网络交流、网络社交的生活方式已得到广泛普及。大部分政府部门和机构都意识到了新媒体渠道的重要作用，纷纷搭建政务微博、政务微信和客户端平台。但数据显示，进入2018年以后，政务客户端的价值不断下降，政务新媒体平台格局逐渐从"两微一端"转向以抖音、今日头条、喜马拉雅等为代表的新兴平台。其中，截至2020年12月，全国有26098家党政机构开通政务抖音号。然而，新媒体渠道的增多反而分散了政府部门和机构原本就有限的媒体资源和受众关注度，也屡次遭到"流于形式，浮于表面"的质疑。

澎湃新闻率先将零散的政务媒体进行整合，设立"澎湃号"频道，打造新型政务互动平台"澎湃问政"。用户不仅能获取官方发布的一手讯息，同时也有利于政府机构把主旋律的声音传递出去，把群众的呼声反馈上来[①]，搭建了"多对多"的一站式平台。目前澎湃政务号已接近1.5万家，涵盖了许多国家级部委，比如最高人民法院、国家发展改革委、司法部等，还包括了各县、市、区级政府部门，以上海市为例，市级上海人大、上海检察、上海司法局等和各区级行政、公安、法院等部门，澎湃政务号已成为中国原创新闻平台中最大、最具特色的政务平台。澎湃新闻结合时政创新宣传的特点，以"形式上不断创新、内容上回归政务传播本源"为目标，既将各行业、各系统的行政部门及机构统一整合、呈现，也凭借平台自身强大的信息分发优势，将政务信息在众多主流平台上更加广泛、更加深入的传播。

与此同时，诸如光明日报、环球时报等全国两百余家具有主流影响力

---

① 李丹：《政府网站和政务新媒体的融合发展》，《新闻战线》，2015年第13期，第145—146页。

的中央、地方媒体也借助信息的集聚效应，入驻"澎湃号"。"澎湃号"主体的扩充使得澎湃新闻不再只是传播一家之言的新闻媒体，相反，它致力于成为中国官方原创媒体在优质内容上的第一分发渠道，成为汇聚多元主体的新媒体平台。

二、内容为王："原创＋湃客"模式

习近平总书记指出，"对新闻媒体来说，内容创新、形式创新、手段创新都重要，但内容创新是根本的"[①]。因此，无论传播技术如何发展、媒体环境如何变化，独创性、原创性、创新性都是评价内容质量好坏的重要标准。澎湃新闻脱胎于传统媒体东方早报，沿用了其300人的采编团队，具有相对较高水平的专业新闻素养，继承并坚持"内容为王"的原则，原创新闻的质量、发稿量在国内各大原创新闻网站中位居前列，稿件被转载率高，传播力强。

在保证严谨严肃的新闻报道的基础上，澎湃新闻积极挖掘主流聚光灯之外的优质创作者，进一步培育高品质的原创内容。"澎湃号"采取"邀约＋严选"的入驻模式对自媒体个人及团队开放，2018年7月，"湃客"专业创作者平台正式上线。这也是澎湃新闻继政务号、媒体号之后在平台化探索方面的进一步创新。

经过一年多的沉淀，已有超过1100位内容创作者入驻"湃客"专业创作者平台，通过与新媒体机构、高校社团、出版社等合作，不断丰富创作者类型。其中也不乏相对小众的内容创作者，如非虚构写作、纪实影像和数据新闻等专业领域的创作者超过了300名。针对这些在垂直领域具备专业素养的创作者，"湃客"先后开设"镜相""眼光""有数"及"众声"

---

① 人民网：《人民日报社总编辑庹震在2018媒体融合发展论坛上致辞》，http：//media.people.com.cn/n1/2018/0910/c14677-30282249.html，2018年9月10日。

四大核心板块，通过对用户的阅读兴趣进行不同维度的细分，精细化运营话题、专题，从而实现更精准、更高效的内容分发，让好的内容找到对的人。举例来说，最具代表性的"镜相·独家非虚构作品"专题下，进一步细分为"他们就这样老去""成长这道题""城与乡""都市漂流""她们与他们""当代青年物语"等九个话题，分别聚焦社会上老年人、未成年人、农民工、北漂、女性等群体，以细腻的语言讲述了不同社会群体的生存状态，满足了用户多种多样的阅读需求，大大拓宽了用户阅读的视野。

同时，澎湃新闻坚持作为新兴主流媒体的公共型与专业性，设立"湃客指数"，从内容质量、影响力、美誉度、互动性、活跃度等维度设置颗粒化的指标，建构优质账号的准入和评价体系，以保证"湃客"发表观点的质量和专业度。

三、用户"问吧"：搭建自由理性的舆论平台

澎湃在成立之初，上海报业集团社长裘新就提出了要成为"中国第一个新闻问答产品"的构想——通过与用户的互动，分辨真相和谣言，并将核实的结果实时更新。在这一思路引领下，澎湃新闻积极开拓优质互动渠道，让用户除了能单方向获取新闻资讯外，还能对新闻、对社会热点话题保持更深层次的关注和理解。客户端陆续上线了问吧平台、问政平台、澎湃质量报告平台等，在版本升级后将新闻问答正式确立为精品问答社区"问吧"，现如今"问吧"作为一个极具澎湃特色的新闻与知识问答平台被编排在澎友圈频道中。

通过邀请新闻当事人、学术专家、知名评论人等权威人士入驻"问吧"，用户能够在线上对现实中咨询不到的各行各业的专家进行提问，以"提问—回答"的方式呈现出用户所关注的社会话题，直观地就争议点和疑问点进行讨论，这样不仅有利于提高用户在面对鱼龙混杂的网络信息时

明辨是非的能力、批判的意识，而且还能够让专家学者们更加了解普通用户们的所思所想，搭建了一个互融共通、自由交流的舆论平台。除此以外，还有许多诸如焦点、思想、法律、教育、百科、政务、明星、文艺、健康等不同分类的问答话题，这既满足了他们深层了解垂直领域的知识和兴趣化阅读的需求，也提供了更加多样的对于新闻延伸的阅读选择，为澎湃新闻增添了与常态新闻差异化的内容。如果说在其他网络平台上的对话模式可能是问答相应，可能是有问无答，还可能是答非所问，那么在澎湃"问吧"的对话模式就是有问必答，而且是客观答、理性答。

四、社交基因：由新闻媒体转向新媒体产品

社交化是新媒体产品区别于传统媒体的典型特征之一，是新媒体产品释放活力的源泉，在新媒体产品的研发中是必不可少的基因[①]。同时，人人都有麦克风的环境下，庞大的网民群体已不再满足于被动接收信息，而是强烈希望能够主动参与到他们阅读、视听、评论的内容中去。为了摆脱传统媒体互动性不强的劣势，澎湃新闻全新推出澎友圈，致力于打造一款有质感的互动社区，从而提高用户的参与感和互动感。

除了极具特色的"问吧"社区，澎友圈频道还增设了"关注"和"推荐"，以满足用户碎片化阅读和社交互动的需求。"推荐"栏目中的信息具有冗杂、碎片化的特点，热议榜以关键词的形式呈现出当下的社会热点，实时更新丰富多样的短图文、短视频。相比之下，"关注"栏目更加精准、个性化，以短讯息的图文信息呈现出用户所关注的内容，横向打通澎湃新闻全站细分在不同频道下的不同内容，包括栏目、标签、专题、问吧、澎湃号、用户，让用户能够及时接收到自己感兴趣的各类观点、动态。用户

---

① 黄楚新:《"互联网 + 媒体"——融合时代的传媒发展路径》,《新闻与传播研究》,2015年第9期。

在阅读文章中的评论和"问吧"里的问答、参与投票活动等互动行为时，也都可以同步到澎友圈中，形成一个相对私密的、个性化的阅读圈。此外，用户还可以对信息点赞、评论或转发至微博、微信、QQ、钉钉等其他社交平台，增强了平台的社交属性，从而达到更广泛地传播。对于使用者来说，澎友圈的出现使得自己从受众真正转变为用户，澎湃新闻不再只是一个发布信息、用户获取信息的新闻媒体客户端，而是被赋予了记录生活、分享生活的社交含义。然而，这次转型能否获得成功还需要市场和时间的检验。

在媒体转型融合过程中，澎湃新闻保持着传统媒体对高品质内容的专注，借力新媒体技术，一站式整合政务媒体的澎湃号，成为专业权威信息的第一手发布渠道的同时，也不断挖掘民间湃客的原创内容生产者。但澎湃新闻并没有停滞于做新闻内容的生产者和传播者，而是将自己定位于新媒体产品，进行更加长远的平台化布局。在搭建新媒体平台上，澎湃新闻是个新手，只能从发展较为成熟的社交平台学习经验做法，同时结合自身特点，大胆创新。澎湃新闻借鉴了知乎打造知识问答社区的模式，发挥主流媒体"风向标"和"指挥棒"的职能优势，搭建新闻问答社区"问吧"；吸取了微博平台提供海量碎片信息和微信朋友圈形成私人社交圈的优势，弥补传统媒体欠缺互动感的不足，搭建澎友圈。内容和平台两方面双管齐下，澎湃新闻是继承者，也是学习者，更是开拓者，实现了由传统报刊成长为新型媒体、由新型媒体升级为新媒体平台的两次转向。在新媒体产品层出不穷的融媒时代，找到了属于澎湃的差异化发展之路。

第三节　面向三线及以下新兴市场的移动传播

本研究以趣头条全国用户为主要样本，基于对调研数据的分析，对新兴市场用户的触网特征进行了详细解读；在此基础上，系统性发掘和阐释了新兴市场网民亟待满足的五大需求，包括娱乐需求、内容需求、社交需求、消费需求和心理需求；继而，提出应从思维创新、模式创新、生态创新三方面着手，缔造驱动新兴市场发展的新动能；最后，在智能媒体快速发展背景下，提出移动内容服务等平台可在信息生产传播全链路、信息场景、服务生态同时发力，以更好地开拓新兴市场。

近年来，受到互联网信息技术迭代升级的有效驱动，我国网信事业飞速发展，取得重大进步。随着网络强国、数字中国战略不断加快实施，我国网络基础设施建设越发完备，互联网覆盖范围正在向前期互联网环境不易触达的三线及以下新兴市场迅速拓展，加之智能手机、上网资费等费用降低，三线及以下新兴市场这一蓝海正成为互联网发展过程中新的增量。

趣头条作为新锐移动内容平台，上线于2016年，其最初定位即在互联网的新兴市场，并持续深耕。截至2020年6月，趣头条用户规模超过5亿，其中50%以上的用户来自三线及以下新兴市场，如此庞大的用户基数，以及超过1.38亿的月活用户数，决定了其在互联网新兴市场中占据的主导地位。本研究以趣头条全国用户为主要样本，发掘三线及以下新兴市场网民的信息接触偏好，力图在了解互联网新兴市场网民特征的基础上，探寻行之有效的创新路径和突破口，以更好地服务于新兴市场网民，并为数字中国建设提供支撑参考。

一、新用户：待解码的蓝海市场

与一、二线城市互联网的高水平发展不同，三线及以下新兴市场受限于互联网基础设施和服务体系不够完善等因素，其互联网发展水平相对较低。然而随着触网门槛大幅降低、消费水平不断提升，新兴市场用户对互联网产品与服务的潜在需求规模巨大，可挖掘价值高。2016年，以趣头条为代表的互联网新秀通过提供内容资讯等产品服务，迅速激活了这片蓝海市场。

（一）用户增长凸显新兴市场巨大活力

趣头条用户总规模已超过3亿，截至2020年第一季度，平均月活用户达1.38亿，平均日活用户达到4560万，增势迅猛。另外，有数据显示，中国移动互联网新兴市场月度活跃设备达14.23亿，参照趣头条现有用户数，还有数亿规模的潜在用户需求等待发掘，可见新兴市场潜在价值巨大。作为移动内容平台，趣头条于2018年9月上市，其用户日平均在线时长快速增长，截至2020年第一季度，趣头条用户平均在线时长已达到62.4分钟。

另有数据显示出同样趋势，包括新兴市场网民在内的网民移动互联网日均使用时长在不断增长，2020年前三季度，中国移动网民人均APP每日使用时长超过6小时。作为注意力经济的核心指标之一，使用时长直接与市场价值相挂钩，可见，新兴市场价值亦在不断增长。

（二）女性用户为新兴市场带来更大可能

根据趣头条平台数据，女性用户数量高于男性用户。其中，男性用户占比为40%，女性用户占比为60%。数据显示，新兴市场女性网民中具有重度手机依赖习惯的用户占比达40.23%，男性网民占比为26.78%，可见女性网民手机依赖程度高于男性网民。

在移动内容平台打开频次上，新兴市场男性和女性用户的日均打开频次一致，均为10次。趣头条研究院调查结果显示，有36.95%的家庭是由妻子管理钱财，12.71%的家庭是由丈夫管理钱财，结合用户规模与手机依赖程度数据，可以预知，在互联网新兴市场中，女性群体比男性群体有更大的消费潜力。

（三）地域分布有别，追求美好生活无异

针对趣头条用户的问卷调查结果显示，有53.26%的问卷填答者来自三线及以下新兴市场，与趣头条70%以上用户来自三线及以下新兴市场的总体趋势相符。同时，趣头条日活用户排名前三十的新兴市场城市中，三线城市有16个，四线城市13个，五线城市1个，主要分布在河北、河南、山东、山西等地区，相比其他内容资讯类平台，其新兴市场标签凸显。

数据显示，新兴市场与一、二线城市对娱乐、美食、生活、育儿、音乐、养生、时尚等主题的内容偏好程度较为接近，但在其他主题的内容关注度方面则有较大不同。一、二线城市网民更关注国际、家居、体育、财经等主题的内容；新兴市场网民则更关注电影、奇闻、情感、搞笑、故事、三农、历史、励志、才艺、游戏、动漫、广场舞等主题的内容。由此可见，新兴市场网民与一、二线城市网民对美好生活的向往与追求是一致的，但是受所处环境等多种因素影响，两者之间又表现出较为显著的兴趣差异。

（四）全时段登录但高峰凸显

从统计数据来看，新兴市场在全天各个时段均有大量用户登录移动内容平台。在0—5时用户登录数量相对处于低谷，基本在10%以下；6—22时是用户登录的高峰时段，登录用户均占用户总数的20%以上，其中，在18—21时这一时段，用户登录达到峰值，平均每小时登录用户均占用户总数的30%以上，主要是因为这一时段为下班到睡前的时间，属于用户可自由支配的闲暇时间。

（五）短视频受欢迎，深阅读是趋势

调查结果显示，就内容/资讯的形式来讲，新兴市场用户最喜欢短视

频形式，其后依次是文字为主、图片为主、长视频类及直播类的内容／资讯。由此可见，短视频类内容在新兴市场用户中很受欢迎。

除短视频之外，相比其他类型的内容形式，新兴市场用户更偏爱阅读文字为主的内容，与图集、长视频、直播等形式相比，文字为主的内容相对更有深度、更加翔实。因此我们认为，更具深度的阅读将是新兴市场网民阅读偏好的一个重要发展趋势。

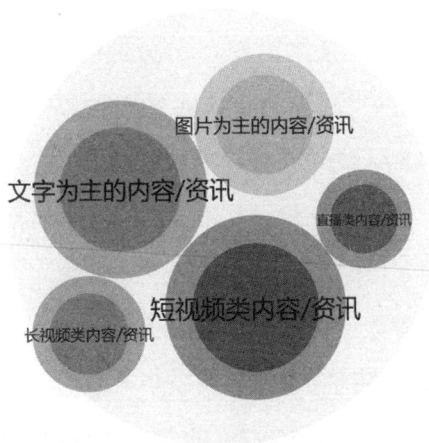

图3-3 新兴市场网民使用手机阅读时更喜欢的内容／资讯形式
数据来源：依托趣头条平台的用户调研（N=21087），2019年5月

从阅读评论率来看，短视频评论率为14%，图集评论率为7%，图文评论率为6%，中长视频评论率为4%。短视频评论率高于其他三种形式，由此可见，短视频类内容交互性更强，用户与创作者之间、用户之间的互动更易达成。

二、新需求：待撬动的最大增量

伴随智慧城市、数字乡村发展建设步伐加快，新兴市场快速成长，新需求不断涌现。面对一、二线城市互联网市场越发激烈的竞争态势，新兴市场已成为新的角逐博弈之地，而能否在新兴市场的争夺战中抢占先机、占据主动地位，从而收获这一巨大增量，关键在于能否找准并满足用户需求，获得用户认可。

（一）娱乐需求：更多闲暇时间待填满

1. 时间充裕：可支配的自由时间更多

通勤时间方面，有43.02%的新兴市场网民通勤时间在15分钟以内，有72.55%的新兴市场网民通勤时间在30分钟以内；睡前闲暇时间方面，新兴市场有58.95%的网民睡前刷手机在30分钟以上。截至2018年12月，新兴市场的移动互联网人均单日使用时长接近6小时，增速快于一、二线城市，且在绝对值上实现了反超，其中五线及以下城市与一线城市形成强烈反差，移动互联网人均单日使用时长相差30分钟。

2. 阅读兴趣：最爱娱乐但仍感无聊

从喜欢阅读的内容类别来看，趣头条平台数据显示，新兴市场网民最爱娱乐内容。但与此同时，有79.21%的新兴市场网民在谈及手机娱乐时，仍会有不同程度的无聊感，娱乐需求尚未被充分满足。

3. 关注偶像：粉丝群体规模巨大

调查数据显示，新兴市场中有喜欢或关注偶像的网民占比为39.12%，相对低于一线城市40.6%、新一线城市40.73%以及二线城市43.04%的比例，但是考虑到新兴市场庞大的网民基数，可知新兴市场粉丝群体规模更为巨大。从对明星偶像的消费态度来看，新兴市场网民中有38.11%的人群表示有关注或喜好的偶像，但是仅关注，不消费。伴随新兴市场网民收入水平提高、所接触娱乐内容更为丰富，发展粉丝经济具有极大潜力。

属于粉丝，不仅关注，还会消费：4.59%

有喜欢或关注的偶像，但仅关注，不消费：38.11%

对偶像无感，不关注
不消费：57.31%

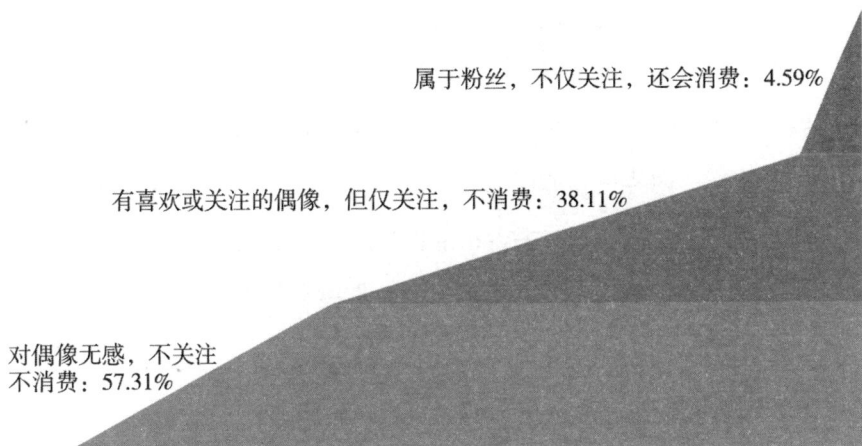

图3-4 新兴市场网民对明星偶像的关注和消费态度
数据来源：依托趣头条平台的用户调研（N=21087），2019年5月

（二）内容需求：追求简单实用，注重丰富多元

1.内容特征：简单实用

新兴市场网民在内容需求方面，除了占比最大的泛娱乐内容，另外五类更受关注的内容分别是美食、生活、育儿、养生、健康。这些类型的内容更为简单实用，深受新兴市场网民偏爱。一方面，新兴市场超七成网民是高中及以下学历，通俗简单的内容表达更受欢迎，如调查显示，有21.73%的新兴市场网民选择趣头条的原因是其内容更加通俗易懂。另一方面，新兴市场网民更希望阅读内容能够有效地指导实践，如从健康养生类内容中获取如何养生、预防或治疗疾病的知识，从育儿类内容中学习抚养、教育孩子的经验，从生活类内容中学习生活小常识、小技巧等，因此实用性也是他们进行内容选择的重要维度。

2.内容主题：丰富多样

从内容标签来看，新兴市场网民经常关注和阅读的内容涉及三十多个主题，且多数人同时关注和阅读多类主题。不同网民对内容的需求具有差异化特征，每位网民的阅读偏好都有所不同，能否实现差异化、个性化推送，将直接影响用户体验和平台好感度。

以趣头条为例，73.35%的用户对平台内容的丰富度表示满意，且用户在操作便捷性、内容更新速度、板块设计合理性以及内容形态的丰富性方面的满意度均超过70%，对平台精准推送、内容质量以及广告数量的满意度也在65%左右。找准并直击用户痛点，是趣头条成功的关键所在。

图3-5　新兴市场网民阅读标签云
数据来源：趣头条研究院，2019年5月

3. 性别差异：共性明显，差异突出

根据趣头条平台数据，在新兴市场互联网用户中，排名前五的内容类型分别是娱乐、热点、电影、情感和奇闻，男性和女性用户对这五类内容的偏好差别很小。在其他内容类型中，男性用户和女性用户有较明显区别，男性用户更喜欢军事、汽车、科技、旅行、历史等内容，而女性用户则对美食、育儿、养生、健康等内容的关注度更高。

（三）社交需求：信任熟人社交，期待参与互动

1. 熟人社交传播更为有效

针对下载趣头条 APP 驱动的原因，熟人社交无论在新兴市场还是一、二线城市都是最重要的驱动力，但新兴市场网民受熟人社交传播的影响更大。这一点也从侧面佐证了趣头条用户运营机制的有效优势，通过社交裂变式传播，使平台成为用户维系社交关系的重要渠道。这种社交需求又有效增加了用户黏性，激励与社交需求的双重满足使用户更加积极地参与到产品推广中，推动平台用户规模的高速增长。

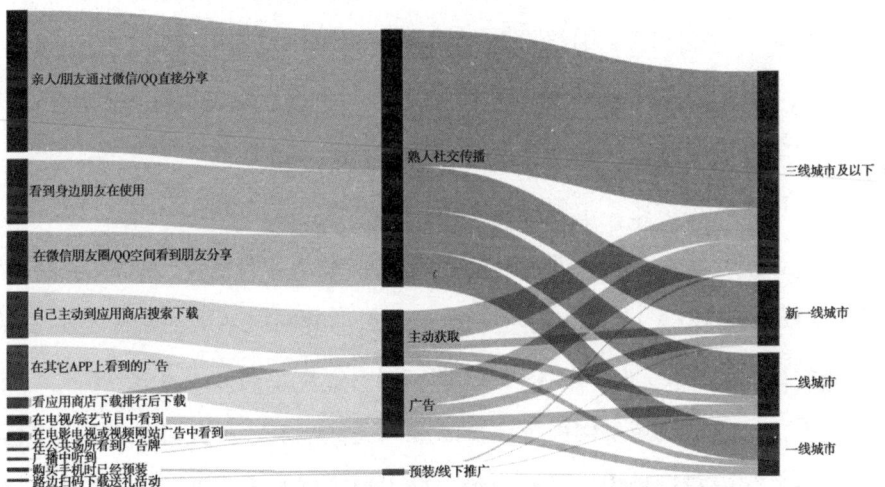

图3-6　熟人社交传播在下载趣头条 APP 驱动中的贡献比
数据来源：依托趣头条平台的用户调研（N=21087），2019年5月

2. 社交聊天需求突出

针对上网诉求的调查数据显示，无论对于新兴市场网民还是一、二线城市网民，社交聊天都是一项较为突出的上网诉求，虽然低于浏览资讯和观看视频的上网诉求，但是普遍高于玩游戏、看电子书、工作学习、搜索资料以及网上购物等上网诉求。网上社交也包括熟人社交和陌生人社交，且其参与形式丰富多元，找到并精准满足用户的社交需求，将能有效提升

用户黏性。

（四）消费需求：巨大消费缺口待补足

1. 消费能力增长势头凸显

统计数据显示，近年来在可支配收入和消费支出方面，城乡居民都在不断增长，但是从增速来看，农村居民可支配收入和消费支出增速更大，消费能力快速提升。且从消费者信心指数来看，新兴市场消费者信心指数在近两年稳中有增，基本与一、二线城市消费者信心指数持平，甚至高于一、二线城市。趣头条用户调查数据显示，三线以下新兴市场的电商用户占比最高，考虑到人口基数，新兴市场电商用户规模远超一、二线城市。由此也可看出，趣头条作为互联网新兴市场的先行者，其用户整体已具有较好的电商消费习惯，平台商业价值不可小觑。

2. 既追求性价比，也愿意为兴趣付费

调查数据显示，新兴市场中66.14%的网民认为要在自己能力范围内消费，24.96%的网民愿意为兴趣付费，22.89%的网民不关注潮流动向，认为适合自己的才是最好的，19.11%的网民喜好爆款商品，重视性价比。相较之下，一、二线城市网民更注重品牌和关注潮流。由此可见，新兴市场网民在日常消费过程中，理性消费占据主导，但在追求性价比的同时，也愿意为自己的兴趣付费。伴随消费水平持续提升，该现象对于各类垂直领域来说将是一大利好。

3. 特殊群体凸显巨大消费潜力

伴随互联网越来越深入地渗透到新兴市场网民生活中，小镇青年和银发乐活族也越发成为数字经济的重要贡献者。趣头条用户调查结果显示，一、二线城市青年和中老年群体的收入水平与线上消费水平整体上高于新兴市场青年和中老年群体，但新兴市场中这两类群体在较高的收入和消费

区间所占比例与二线城市网民相比，已比较接近。

与此同时，同一、二线城市趋势保持一致，新兴市场网民中的女性网购人群比例远大于男性网购人群比例，加上新兴市场女性网民占比较大，以及更多家庭是由女性掌握家庭财政，因此新兴市场女性网民群体具有较强的消费能力。

（五）心理需求：无形依赖与情感陪伴

1.碎片化时代的自我迷失

在互联网尤其是移动互联网环境下，海量碎片化信息充斥于网络空间，其中不乏夹杂低质、无效、虚假性内容，加之新兴市场网民触网时间较短、网络媒介接触经验有限，在碎片化的信息资讯时代容易模糊取舍标准，从而对手机等形成依赖，在网络空间中无目的漫游。调查数据显示，大部分新兴市场网民对手机形成依赖，且有79.21%的新兴市场网民在进行手机娱乐时仍会觉得无聊。

2."镜中我"的情感陪伴

库利的"镜中我"理论认为，人对自我的认识主要是在与他人的社会互动过程中形成的。在新兴市场中，网民主要通过手机进行社交、信息阅读等行为，手机无形中成了那个"他人"，且能同用户产生不同程度的交互，如内容平台通过大数据算法识别用户阅读偏好，能有针对性地推荐用户感兴趣的内容，这就是一种低程度的交互行为。手机越来越了解用户，用户从手机中随时能得到自己喜好的内容，手机便成了镜中的那个"我"，从而使用户形成依赖，用户期待从中得到一种陪伴。

三、新动能：服务创新当下可为

新兴市场不断增长发展，面对充满无限可能的"未饱和"之地，以新兴市场用户的信息和服务需求为出发点，在服务模式上找寻行之有效的创新路径，缔造服务新兴市场的新动能，是赢得新兴市场主动权和主导权的关键所在。

（一）思维创新：普惠发展

1. 人机智能打造高价值的私人定制

在当前智能媒体环境下，算法推荐在内容领域一直占据主导地位，但所带来的各种负面效应不断凸显，互联网用户日益被置于信息爆炸、圈层效应、观点极化等多重困境之中。在此背景下，移动内容平台在为新兴市场网民提供资讯服务的同时，应将技术思维与人文观照相结合，将算法推荐与人工编辑筛选相结合，以人机智能而非人工智能进行内容推荐，为网民提供有用、有品的私人定制阅读。

2. 尊重用户独特的产品体验偏好

虽然新兴市场网民从整体和个体上相较一、二线城市网民呈现出差异化的信息接触偏好，但新兴市场网民与一、二线城市网民对优质内容的核心需求并无差别，对美好生活的追求也并无二致。因此，移动内容平台在面向新兴市场网民提供信息服务时，在充分尊重其特有的产品体验偏好的同时，也应做好内容生态的优化，重视价值引导，以满足新兴市场网民的多元化需求。

3. 掌握视频化发展趋势

在当前信息传播生态中，内容视频化渐成常态。针对新兴市场网民的服务创新应重视这一现象，深入分析并积极适应视频化的多种发展趋势。首先，当前短视频发展火热，但中长视频需求也并未减弱，长视频、直播也是网民喜爱的重要内容表现形式。其次，竖屏视频也是视频发展的一大趋势，内容平台应关注并抓住这一趋势机会，以期赢得更大市场份额。另外，交互性是视频发展的又一重要趋势，社区化与互动性建设将一直是今后视频内容服务的核心所在，尤其面对新兴市场较为强烈的社交需求，基于自我呈现和社交互动的视频社区将具有更广阔的发展前景。

（二）模式创新：更接地气

1.趣味性带入

考虑到新兴市场网民偏爱"玩"，在新兴市场的互联网产品运营中，趣味性奖励机制能够激发用户更大的参与热情，从而有效提升产品的获客效率。如趣头条正是满足了新兴市场网民的这一心理特征，创新游戏化的积分运营机制，实现了快速成长。

2.深交互

聊天社交是包括新兴市场网民在内所有网民上网的重要诉求，社区化建设和运营能够有效满足网民的社交需求，增强用户活跃度和黏性，因此新兴市场的服务创新应注重这一形式。社区、群组等形式可为新兴市场网民搭建更多网上社交互动场景，通过满足其归属感，使其交互性更强，黏性更强。鼓励用户积极参与互动和分享，还将促使用户从信息接收者转变为生产者，产出的优质内容经过再传播与分享，促进用户与平台的深度交互。

3.在地化运营

在新兴市场未来发展过程中，移动内容平台应重视并积极拓展地方合作，促进平台与地方资源的有效整合，更好地服务新兴市场网民。调查数据显示，有12.21%的新兴市场网民认为趣头条吸引其使用的原因是有很多本地资讯。应继续深入推进在地化运营，为用户提供更多及时有效的本地信息，将使平台自身更具亲和力和吸引力。

（三）生态创新：深耕用户

1.联动式产品矩阵

新兴市场网民规模巨大，由于不同网民对信息的个性化需求不同，因此内容平台应在丰富内容的同时，更加注重新产品的开发，通过打造多元产品矩阵，实现内容全品类覆盖，能够更好地满足用户差异化的产品需求，并形成有效联动。如趣头条目前在小说、直播、电商、游戏等领域积极发力，重点强化视频业务，旨在通过丰富产品矩阵更好地服务用户。尤其是小视频业务，截至2020年12月，趣头条APP日均小视频生产量达4.25万条，日均小视频PV达2.27亿。

2.找准原点发力核心

互联网内容服务的原点在于向用户提供满足美好需求的优质内容，在任何时刻都应牢记和坚守这一基本原则。与此同时，对于新兴市场网民特别关注的内容领域，应加大投入，不断丰富关键核心内容领域，形成差异化内容生态壁垒，培养并不断固化、强化用户阅读习惯，更好地服务用户。如趣头条在用户关注的大健康领域积极发力，不断加大投入，成效显著，自推出实施"放心看计划"以来，其大健康内容增速迅猛，现日均PV较2018年底增长幅度近80%，切实推动了大健康内容生态求广求深的良性发展。

3.盘活地方长尾流量

新兴市场网民主要集中在三线城市及以下地区，在这些地区中，具有地方特色的传统文化、历史、工艺等通常被当地网民普遍熟悉，但却常常被忽视，尤其在新媒体环境下未得到完全开发。盘活具有地方特色的长尾资源，一方面能够丰富内容生态，另一方面也可通过地方宣传或文化旅游等合作探索更多商业化可能，如通过开展农村文化遗产数字化建设，在有效助力农村优秀传统文化保护与传承的同时，进一步激发农村文化活力，推动农村数字经济发展。

4.打造内容生态保护屏障

要守住和守好新兴市场这一希望之地，应从当下做起，强化内容生态创新与保护，避免落入流量陷阱，为新兴市场网民提供一片清朗的网络空间。一方面，应严格把关信息，建立专业的内容审核机制，防止低质劣质虚假及不良信息流入网络空间，同时探索建设内容行业标准，建构多维度、可操作的内容评价指标体系，以筛选寻找更有价值的内容。另一方面，要重视产权保护，促进网络版权环境的持续改善和优化。强化内容生态保护，营造风清气正的网络内容生态，既有益于用户，又有益于内容创作者和内容平台。

四、新趋势：智媒时代未来可期

越来越多的新兴技术被运用到信息传播全链条中，包括传统媒体和新兴媒体在内，都在加速向智能媒体发展演进。技术赋能为互联网新兴市场提供了更多机遇，移动内容服务平台若能充分利用新技术，顺应智能媒体发展大势，未来可期，亦将大有所为。

（一）信息生产传播全链路重构

当前，以大数据、云计算、人工智能、5G、AR/VR、物联网等为代表的新兴技术正被迅速而广泛地应用到内容领域，信息生产与传播将被全链路介入和重构，目前的媒体表现已初现端倪。

在信息生产领域，人工智能、大数据将助力智能媒体建设，机器人记者将更加深入地参与到信息采集与加工过程中，实现智能写稿、智能编辑等常规性生产应用。在信息传播领域，一方面，信息内容的呈现形式将更加丰富，如可视化技术助力信息呈现更加生动、有趣、易懂，人工智能主播、多维立体演示等亦将进一步提升信息传播效率。另一方面，信息内容在向用户推荐时将更加智能化，在全方位、动态性、实时考量用户信息接触偏好的基础上，辅以用户信息接收场景和智能预测的用户潜在信息需求，实现向特定用户适时精准推送信息的目标，为用户提供个性化的阅读体验。

信息流平台尤其是趣头条等面向新兴市场的移动内容平台，应充分利用技术、资本、用户数据等已有优势，洞悉和预知新兴市场用户的多样化需求；以技术为关键驱动力，适应媒体智能化的发展趋势，创新、变革；重构内容生产与传播的全链条，以满足用户显性和隐性需求，优化用户体验，提升产品竞争力。

（二）新理念重新定义信息场景

全媒体时代，尤其是智能媒体在建设发展过程中，应将信息传播理念从最初的提供信息逐渐向提供服务转变，将用户视为客户，以向用户提供优质的服务体验为终极目标。这种理念的转换将重新定义信息生产与传播场景，用户需求将被置于更加突出的重要位置。

一方面，智能媒体建设越发向深入推进，新的人机交互场景将出现，不再止步于当前的"信息阅读——同类信息推荐"模式，媒体将基于用户行为大数据进行用户画像，并结合对比分析等准确感知和预测用户需要或感兴趣的服务内容，这种服务不只包括信息服务，还包括生活、工作、学习等领域的其他类型服务，服务至上理念将促使媒体实时跟踪并有效利用用户所处场景，提供定制化服务。另一方面，新信息场景的出现将进一步强化媒体与用户之间的互动，用户将能够更加真切地置身于不同的信息场景中，全面参与到信息的生产与传播过程中。

由于互联网新兴市场用户的需求差异，移动内容服务等平台在打造优质多元内容生态的同时，应不断探索、建构和利用新的信息服务交互场景，为用户带来更多高价值服务和产品。

（三）新方向引领服务生态变革

技术驱动是智能媒体建设的重要引擎。在当前信息传播格局下，用户不再是被动的信息接收者，而是不断成长为信息的主动挑选者和生产者。用户角色较传统媒体时代甚至传统互联网环境下都发生了巨大改变，这一新的演进和发展趋势促使智能媒体在建设发展过程中更加重视用户的主导地位，媒体服务生态已经发生并将继续进行深刻变革，打造并持续增强社交属性与功能将是媒体服务生态调整变化的最突出特征。

强化社交互动，将是基于对用户社交需求的满足，进一步提升用户对媒体的信任度和依赖度，从而为媒体平台带来更大价值。对于面向新兴市场的内容资讯平台等应用来说，既要意识到新兴市场网民不断增长的社交互动需求，又要在社交功能的建设与拓展中结合用户的趣味性、价值性、专属性诉求。让用户不只在智能媒体中收获功能的满足，更能看到平台对用户的友好与尊重。平台功能的完善与用户体验的优化互利共赢，将形成相互支撑促进的良性发展循环。

当前，在即将全面建成小康社会的收官时期，移动内容服务等平台更有必要牢牢抓住互联网带来的发展机遇，发力新兴市场，助力网络强国、数字中国建设。一方面，重视对新兴市场网民精神文化水平的提升，强化网上价值引导，培养新兴市场网民良好的信息接触习惯，提升阅读品味，助力实现美好生活；另一方面，增强为用户赋能、服务至上的产品意识，激发用户主动参与热情，利用好社交圈层效应，以收获用户体验和商业变现的双重利好。

第四节　移动传播发展的差异化
——基于"今日头条"与"趣头条"的分析

第47次《中国互联网络发展状况统计报告》显示，截至2020年12月，我国网民规模达9.89亿，其中手机网民规模达9.86亿，网民通过移动设备上网的比例高达99.7%，移动传播已经成为当前传播格局中的主流方式。"今日头条"是我国移动资讯领域的代表应用，目前"今日头条"注册用户超过7亿，月活跃用户超2.6亿；"趣头条"是该领域的后起之秀，其在2020年第一季度营收达到14.12亿元，月活跃用户达到1.38亿。本书通过对比"今日头条"与"趣头条"的产品特点，分析当前我国移动传播中所存在的问题，并进一步展望未来我国移动传播的发展态势。

一、"今日头条"与"趣头条"的发展差异

"今日头条"与"趣头条"同属新闻资讯类APP，都是基于智能算法将个性化内容分发给用户。但两者在市场定位、获客模式、内容建设与生态升级四方面存在一定差异。

（一）市场定位不同

"今日头条"的市场定位于一、二线城市，主要瞄准青年群体和白领一族。根据"今日头条"2018年发布的创作者画像显示，在百位最受欢迎的创作者所发布的标题中，"工作"一词出现频率最高，"情感""美食"以及"职场"是他们最常选择的创作分区。"今日头条"首页"我的频道"一栏中，与上班族和青年群体相关的"财经""游戏""动漫""科技"和"NBA"等分区排位靠前，"三农""健康"和"养生"等分区排位靠后且需要用户手动添加。

与"今日头条"不同,"趣头条"采取"农村包围城市"的策略,着重开发"五环外"的下沉市场,"平台上超过80%的用户属于非一线城市,下沉市场的流量红利才刚刚开始释放"。企鹅智酷在2018年新媒体趋势报告中指出,相比一、二线城市,三、四、五线城市的居民没有超长的上下班通勤时间,慢节奏的生活工作环境让他们每天至少拥有两个小时的闲暇时间。经过3年的发展,"趣头条"已经证明"五环外"这条快车道未来还有很多里程可以跑。截至2020年3月,"趣头条"日活跃用户4560万,人均使用时长62.4分钟,图文与视频的浏览量双双突破4亿。

(二)获客模式不同

"今日头条"依靠大数据、云计算与人工智能技术,打造了一套智能分发系统,该系统可以根据用户的阅读习惯,针对性地为其推送内容,这种"后台计算,前台分发"的机制是"今日头条"重要的获客手段。2017年,"今日头条"平台上的头条号由3.5万飙升至120万,账号增幅达300%;2018年,"今日头条"共发表文章1.64亿篇,总数达到1599亿字。

"趣头条"采取的获客模式与之不同,为了抓住下沉市场的流量红利,"趣头条"采用现金补贴吸引三、四、五线城市及农村市场的用户。在"趣头条"的界面,红包图标无处不在,用户在软件上签到、阅读、浏览新闻或撰写评论都能获取一定的金币,当金币达到一定数量就能兑换成现金。除此之外,用户还可以通过分享文章与扫描二维码邀请微信好友下载应用,好友下载成功后用户会获得一定的现金奖励,这种社交裂变式的营销取得了良好的效果。在乡镇与农村,"趣头条"通过投放广告"在路上看趣头条,赚点零花钱""下载趣头条,赚点小酒钱"进一步宣传了这种模式。

（三）内容建设不同

内容建设方面，"今日头条"开始注重对垂直领域的深耕。当下，内容建设进入精耕细作的时代，只有垂直化、专业化的优质内容才能在竞争中胜出；此外，基于后台数据分析，垂类内容的粉丝忠诚度与黏性最高，商业变现价值最大也更具有想象空间。在2018年"生机大会"上，"今日头条"决定今后在100个垂直领域深耕，帮助更多垂类优秀作者成长为该领域的头部作者。预计一年内头部垂类账号增长10万，内容覆盖100个领域。为激发创作者的热情，"今日头条"还推出"年度十大头条号"，颁发给垂直领域优秀的10为创作者；同时推出"青云计划"，以现金奖励优秀垂类内容账号。

"趣头条"将重心放在签约优质内容生产者上，以此来补齐平台内容短板。2018年"趣头条"在生态大会上推出针对原创优秀作者的三大签约计划："合伙人""放心看"与"快车道"。"合伙人计划"针对具有地方特色的原创作者，如地方特色美食、旅游、风土人情等。"放心看计划"从健康咨询放心看、健康IP养成、谣言监测站、名医伴你行四大方面出击，打造一个全新的、有价值的、信息真实的健康内容生态平台。在内容方面严格审核健康、养生频道的作者准入资格，通过人工干预加算法识别的方法将权威的健康科普内容优先提供给读者，对"伪科学养身"内容进行全面处理。"快车道计划"有两种签约方式，一种是作者发送电子邮件进行申请；另外一种是由平台邀请，主要针对一些发展成熟、在全网有一定知名度与权威性的MCN机构和个人，签约成功的作者平台会给予3倍的单价加成，在流量上也会给到2倍的加权倾斜。

（四）生态升级不同

"今日头条"通过深耕粉丝生态、推出小程序与开放技术模型三方面启动平台生态升级。首先，"今日头条"进一步完善粉丝变现渠道，加强商品化功能、头条小店、内容付费、直播等基础设施建设，打通优质内容与变现的壁垒，形成优质创作者的个人品牌；其次，推出小程序完善平台服务能力，引入更多平台生态建设者，据报道"今日头条"已经在最新的版本中开放了小程序入口，第一批入驻的小程序有"58同城""猫眼电影""小米商城"等；最后，在内容检测上，"今日头条"开放了"灵犬"智能技术模型来打击盗版、识别谣言和低俗内容，用户只需要输入一段文字或链接，系统会自动检测其健康指数。据悉，"今日头条"后续还将开放更多技术模型。

"趣头条"通过完善现金奖励机制，入局移动阅读市场实现平台生态升级。"阅读就能赚钱"是"趣头条"的核心玩法，这种现金奖励机制也在不断地推陈出新，在最新的版本中又增加了"抽取手机""购买优惠券""现金砸鸡蛋"等奖励形式，实现了核心玩法的多次升级；根据"趣头条"2020年第一季度财报显示，旗下移动阅读应用"米读小说"日活跃用户突破500万，米读用户近2亿。"米读小说"上线于2018年5月，在没有"趣头条"导量的情况下，在半年内获得4000万新用户，活跃度仅次于"掌阅"与"QQ阅读"。"米读小说"的快速崛起丰富了"趣头条"的产品矩阵，加速推进"趣"生态圈的升级。

二、移动传播存在的问题

近年来，以这两家为代表的移动传播凭借即时性、社交性与互动性的特点发展迅猛，但是也衍生出了一些问题，集中体现在内容、版权和信息分发等领域。

（一）版权争议，侵犯用户隐私乱象频现

移动传播平台的内容来源于两方面，一方面是抓取或转载主流媒体的新闻报道，另一方面是刊登自媒体或用户的原创内容，在这个过程中极易引发版权争议与纠纷。2018年7月，据南方都市报记者报道，"抖音""微视""快手"等移动短视频平台出现大量"搬运"的盗版视频，已经违反《著作权法》的相关内容，经举报后盗版视频仍未下架。针对移动传播领域突出存在的版权争议问题，国家版权局于2019年2月14日约谈了"快手""西瓜视频"等15家移动传播平台，要求其切实加强版权保护制度，履行企业主体责任。

用户的个人信息往往被平台视为宝贵的数据资料，不少移动应用在收集用户信息时存在"窃取用户隐私"行为，侵害了公民的利益。央视"3·15"晚会上，一款名为"社保掌上通"的移动应用被点名批评。经主持人测试，用户填写各种资料注册这款应用后，电脑就能够远程接收到用户的所有信息。这款应用通过隐藏的用户条款窃取用户社保信息，并且未得到官方授权。近期，上海市消保委对网购平台、旅游出行、生活服务等39款市场占有率领先的手机应用涉及个人信息的权限进行评测，其中有25款应用都存在问题。值得庆幸的是，在消费者协会与各地监管机构的努力下，这类"越界"行为正在得到遏制。

（二）价值导向缺失，内容低俗化、炒作化严重

近年来，一些驻扎在移动传播平台的自媒体账号为追求流量获取关注，经常采用"标题党""亦真亦假"的写作手法吸引大众眼球，轻者扰乱社会治安，重者危害到用户的人身财产安全，影响恶劣。2018年11月28日，央视新闻曝光市面上50余款资讯类应用存在"标题党"问题，"虚假养生、明星八卦、裸露图片、风水解梦"等低俗内容充斥其中，部分平

台甚至沦为了违法广告的藏身地,"祛斑、减肥、网赚、博彩、三无保健品"等违法广告出现在显眼位置诱导用户点击,这已严重违反了2016年出台的《互联网广告管理暂行办法》。

由于内容领域的竞争趋向白热化,还有不少自媒体通过内容炒作贩卖焦虑,激化社会矛盾从而博取社会关注。2019年1月29日,公众号"咪蒙"旗下的自媒体团队"才华有限青年"在多个移动平台发布了文章《寒门状元之死》,该文刻意渲染社会不公,营造焦虑气氛造成了恶劣影响。随后更是被爆出文章时间节点错乱、内容涉嫌捏造,人民日报等官媒称其"无节操刷流量,稀释社会信心",该公众号也被永久封停。内容领域乱象频发为移动传播平台敲响了警钟。作为平台管理者既要守住法律底线,也要履行社会责任,谨防在运营过程中过度商业化、低俗化。

(三)算法分发如何防止"茧房"效应

"信息茧房"由哈佛大学教授桑斯坦提出,具体指:"公众只注意到自己选择的东西和使自己感到愉悦的领域,长此以往就会将自身置于蚕茧一样的封闭空间中,阻碍自身发展。"如今"算法分发"成为各大移动传播平台的标配技术,用户能够在使用过程阅读自己感兴趣的内容。这种机制在满足用户阅读需求的同时也带来了问题,一方面会造成个人信息狭窄化,受困于"信息孤岛"中,不利于全面发展。2019年两会期间,政协委员白岩松就指出"投你所好式"推送会让网民"原地踏步,在自己的兴趣里沉迷而不是提升"。人民日报、南方日报等主流媒体也提醒大家警惕算法技术,避免成为算法的"奴隶"。另一方面,过分依赖机器分发新闻会导致把关人价值判断的缺失。在传统媒体时代,专业编辑会通过对内容的把关实现对读者的前置性控制,使传播的内容具备公共性,将社会舆论引向正轨。然而,"算法分发"的出现导致人类编辑缺位,这不仅增加了信息被扭曲的风险，还意味着大量有害信息有可能进入公共领域，不利于良好社会风气的形成。长期暴露在负能量的信息海洋中，用户的价值判断也会受到影响。

三、移动传播未来的发展态势

（一）以深度融合驱动内容价值的回归

在媒体融合的大背景下，移动传播要摘掉"虚假化""快餐化"与"低俗化"的标签，以专业、深度、独家、真实的内容彰显竞争力，实现内容价值的回归。

打通融合"最后一公里"，借力传统媒体内容优势成为多数移动传播的选择。在2019年的两会报道中，"今日头条"与人民网、人民日报等官方媒体深度合作推出了一系列优质的报道作品，在提升平台内容质量的同时，也获得了良好的口碑。截止到两会结束，在"今日头条"平台上，话题"人民网带你看两会"总页面访问量突破2亿，《两会晚新闻》栏目总浏览量接近1亿。

知识付费将为优质内容提供生长空间，有利于加速内容价值的回归。根据艾媒咨询发布的《2020年中国知识付费行业运行发展及用户行为调研分析报告》显示，2019年我国知识付费用户规模达到3.6亿人次。相比其他模式，知识付费拥有变现链条更短、移动支付手段便捷等优势，而所存在的版权纷争问题也因为相关政策的出台得到解决。数据显示，超过77.5%的平台用户愿意为优质知识内容付费，知识付费领域已经成为优质内容的策源地，促进内容价值的进一步回归。

（二）网络基建完善，下沉化、智能化不断演进

截至2019年6月底，我国移动宽带用户普及率达到98%，远高于全球平均水平的48%，4G用户总数达12.3亿户。同时，我国已成为全球人工智能投融资规模最大的国家。随着我国在智能芯片、5G技术上的持续发力，云计算、"智能+"、大数据、物联网等技术将进一步渗透到各个领域。

移动互联网普及率的提高促使移动传播领域的企业更重视"五环外"的下沉市场。Quest Mobile的调查报告显示，截至2020年3月，三、四线及以下城市月度活跃设备达到6.7亿，占整体的58.7%；三、四线及以下城市人均单日使用时长增长均快于一、二线城市，三、四线城市正在成为移动传播下半场最大的增量群体。目前，"快手""趣头条"与"拼多多"持续收割三、四线用户，"淘宝"与"今日头条"相继推出产品，布局瞄准这块新兴市场，移动传播下沉化的趋势将进一步增强。

人工智能与大数据的出现重塑了媒介的生态格局，成为移动传播发展的必然趋势。《政府工作报告》中强调要"加强新一代人工智能研发应用"，继2017年后，"人工智能"再次被写入报告。随着人工智能不断走向成熟，众多新技术被应用在移动传播领域。2018年6月，新华社对外公布了新一代媒体大脑——"MAGIC"智能生产平台，该平台囊括了智能数据工坊、智能媒体资讯平台、智能生产引擎与智能主题集市四大系统。

（三）垂直领域与小程序成为移动传播未来关切

《中国移动互联网报告（2018）》指出："下一阶段，移动互联网将进入推动传统产业向大规模垂直化新业态发展的阶段。"在这一背景下，如何打造垂直化业态至关重要。一方面，移动传播的应用范围开始向教育、医疗、娱乐、交通等传统垂直领域扩张。以传统教育领域为例，网易、百度、科大讯飞、作业帮等移动互联网企业通过大数据、人工智能作为服务

支持入局教育系统；资讯平台"丁香园"瞄准医疗领域，其官方账号"丁香医生"在微博与微信收获千万级关注并在移动端推出应用。另一方面，移动互联网巨头跨界发展，通过入股、融资等手段，不断形成规模化的垂直行业新业态。如腾讯入股"京东"与"拼多多"跨界进入移动电商领域；阿里巴巴收购高德地图入局交通出行领域。

2018年移动传播巨头开始推进小程序、快应用等生态流量入口的建设，取得了不错的效果。资料显示，我国移动互联网用户规模增速在2018年6月已经降到5%以下，2019年2月较2018年12月仅增长700万，用户的规模增长将进入收尾阶段。在"后人口红利"时期，流量入口的生态化建设已成为移动传播领域内的重点。以微信小程序带来的变化为例，同程旅游、猫眼小程序用户均在90%左右，这使得同程旅游全生态流量逆袭，用户数量突破1.88亿，超过了携程的1.28亿；同样，随着"支付宝"小程序的全面投产，给"哈罗单车"带去了7成用户。

（四）承担社会责任与完善治理体系兼顾

移动传播已经渗透到社会生活的各个方面，互联网企业作为移动传播的主体应当肩负起一定的社会责任，让伦理道德为技术保驾护航。近年来兴起的"移动平台 + 脱贫"模式起到了很好的示范效果。

移动传播领域的激烈竞争引发了一系列问题，诸如版权纠纷、恶性竞争、侵犯用户隐私等，对此政府监管部门与平台方都要予以重视。自去年开始，政府监管部门部署"净网2018"与"护苗2018"行动，严厉打击移动传播领域内的犯罪行为；约谈快手、抖音、哔哩哔哩等移动视频类网站治理影响未成年人的低俗内容；出台《微博信息服务管理规定》等法规规范移动社交平台行为。一系列的"治理组合拳"预示着移动传播领域的治理工作将进一步深入，领域内各平台的言行边界与服务底线将更加明晰。

第四章

国外主要国家移动传播发展状况

第一节　美国移动传播发展现状、特点及趋势

　　智能手机和移动网络的普及使移动传播极大改变了人们的生活，冲击着以往的互联网传播格局。在对互联网和移动媒体的应用上，美国长期处于世界领先地位，也首先经历了移动传播带来的变化。本节综合以往对移动传播的研究和最新数据报告，分析了美国移动传播的现状和特点，并就其未来发展方向进行预测。

　　互联网的发展极大改变了传播形态，而在移动媒体崛起后，互联网自身的形态也加速改变，所有参与者的生活方式都受到其深刻的影响。在各国的建设下，互联网用户规模不断扩张。玛丽·米克尔（Mary Meeker）2019年6月发布的《2019年互联网趋势报告》中显示：尽管增长率放缓，全球互联网用户数已超38亿，超过全球人口半数。同时，手机扩张速度已经超越人口增速，在欧美发达国家和地区，移动端早已成为人们获取国内外新闻资讯的重要设备，手机成为首选上网终端。

一、美国移动传播的发展特点

（一）移动端用户不断壮大，互联网产业持续发展

　　成熟细分的社交平台、普及的智能终端、完善的互联网系统，使美国

拥有规模庞大的移动媒体用户。而随着社交平台的移动化和应用程序的丰富，用户对移动终端的使用更加频繁，各类群体均向移动端转移。在2005年，只有5%的美国成年人使用社交媒体平台，到2011年这一比例上升至美国人口的半数，而截至2019年2月7日，已经有72%的美国人在使用社交媒体。[①] 移动互联网的使用者中，年轻群体始终占据较大份额，年长者的规模也与日俱增。2019年，在千禧一代（23~38岁）和39~54岁的美国人中，拥有智能手机的比例均超过了90%，这一数据在55~73岁群体和74~91岁群体中也达到了68%和40%。[②]

移动互联网的持续发展带来了相关产业的繁荣，且发展思路日渐理性。玛丽·米克尔发布的报告显示，截至2018年6月7日，全球市值前30的互联网公司中，美国有18家，显示出强大的竞争力。随着移动端用户的饱和，互联网相关产业从快速成长期进入了成熟期，迎来新的变化。智能手机出货量增长就出现了放缓，市场调研机构 Gartner 预测，2019年到2020年全球智能手机总出货量将下降2.5%。但随着5G手机的上市，智能手机出货量或将出现反弹。

（二）传统媒体移动化转型，探索转型期发展路径

顺应移动社交化的趋势，新闻的生产、发布和接收均可在"移动"中实现，用户对新闻的接触也大规模向移动端社交平台转移。媒体社交平台、新闻客户端成为用户接触新闻的主要入口，传统媒体纷纷探索转型期的发展路径。

---

① Pew Research Center："Social Media Fact Sheet"，2019-6-12，https：//www.pewinternet.org/fact-sheet/social-media/.

② Pew Research Center："Millennials stand out for their technology use，but older generations also embrace digital life"，2019-9-9，https：//www.pewresearch.org/fact-tank/2019/09/09/us-generations-technology-use/.

在内容层面，美国传统媒体在新兴技术的应用上取得了众多创新，沉浸式新闻、机器人写作、AI智能推送等为新闻业带来了新的变化。在平台层面，既"借船出海"，也着力发展自身移动客户端。随着移动端入口建设逐渐稳定和成熟，《纽约时报》《华尔街日报》等报纸持续发力盈利模式的创新，通过原生广告、付费墙、会员制、捐赠等手段获得收益，呈现强者恒强的趋势。但对大多数媒体来说，移动端广告转化率有限，在线新闻付费的增长势头也并不理想。在2020年，美国在线新闻付费的比例为20%（同比增长4个百分点），相较挪威（42%，同比增长8个百分点）等北欧国家还存在较大距离。[①] 而随着Netflix、Spotify等流媒体付费策略的成功，人们也更愿意将预算花在娱乐而非新闻上。

面对激烈的竞争，新闻平台不再单纯考虑新闻发布，而是思考如何拓展业务领域。同时，在用户偏好和市场反馈的作用下，市场反响不佳的媒体平台将面临淘汰，更具新技术基因、更符合用户口味的新平台将被生产出来，也意味着传统媒体将面临失去新闻生产绝对主导权的威胁。谷歌就顺应2018年的人工智能热潮，发布了人工智能Google News应用，参与到新闻内容领域的竞争中。

（三）视觉化表达渐成主流，塑造社交领域新格局

得益于新媒体技术的普及，图片、视频等视觉化表达成为主要的沟通和娱乐方式，用户、社交平台、终端开发者、运营商、广告公司均开始重视视觉分享型社交。在这一趋势下，以往的媒体竞争格局被打破，视觉分享型应用迅速崛起。

皮尤研究中心在2019年的报告指出，Facebook、Pinterest、LinkedIn和

---

① 199IT:《路透社：2020年网络新闻报告》，2020年7月1日，http://www.199it.com/archives/1073312.html。

Twitter 的成年用户份额与 2016 年基本持平，而 Instagram 的使用量则明显上升。[①] 相比媒体属性较强的 Twitter，Instagram、Pinterest、YouTube 代表的视觉分享型应用重在自我展示，又采用了弱关系的社交模式，契合了用户的媒体消费心理。因此，Instagram 不仅在参与度上远超过 Twitter，更实现了迅速的崛起。在 2013 年 1 月，Instagram 仅有 1 亿用户，到 2018 年 6 月其月活已突破 10 亿人。在当前的竞争格局下，各类应用的发展方向也出现了差异，Instagram 在完善社交功能的基础上，不断延伸发展脉络，开辟了电商等功能。而 Twitter 和 Facebook 则着力增加和优化图片、视频分享功能。

在视觉化表达深刻影响社交领域竞争格局的同时，相关的营销价值也在攀升。根据 Wyzowl 在 2021 年发布的调查，86% 的企业正使用视频作为营销工具，87% 的营销人员表示视频带来了良好的投资回报，而这些数字还处于增长中。[②] 随着 5G 的大规模应用，高速度、低时延的传播条件还将促进视觉表达的进一步流行。

（四）网红经济产业链完善，意见领袖营销渐成熟

从奥巴马政府开始，美国推出了多项政策以支持互联网技术研究和设施建设。随着高速互联网服务的普及，内容制作和接收的门槛大大降低，各领域的优秀自媒体随之诞生，打造了繁荣的网红经济。相较于中国，美国的网红经济起步早，也更为完善和产业化，在移动传播环境下，其运作和变现模式更加成熟，KOL 营销模式愈加受到关注。

---

① Pew research center："Share of U.S. adults using social media, including Facebook, is mostly unchanged since 2018"，2019-4-10，https://www.pewresearch.org/fact-tank/2019/04/10/share-of-u-s-adults-using-social-media-including-facebook-is-mostly-unchanged-since-2018/.

② 外唐教程网：《Wyzowl：2021 年视频营销报告（英文版）》，2021 年 1 月 14 日，https://www.waitang.com/report/28164.html.

智能手机的普及下，众多生产优质内容生产者迅速走红。由于这些红人普遍年轻，不具营销经验，专业的 MCN 平台应运而生。美国的 MCN 规模普遍较大，如全球第一家 MCN 机构 Maker Studios，通过签约数万名网红，已收获了全球几十亿粉丝。营销运作的专业化催生了丰富的网红变现方式，红人不必仅依赖推广合作或直播"打赏"，而是可以从线上走向线下，通过出版书籍、发布联名产品、进军影视业等方式，从小屏幕进入大屏幕，由小众走向主流，实现持续变现。

伴随网红经济的发展，KOL 营销日益火爆和成熟。拥有众多网络红人，是 Instagram 能在帖子平均参与度上远超 Twitter 的重要原因，也使其成为意见领袖营销的重要平台。从2015年到2018年，"意见领袖营销"一词的谷歌搜索量增长了1500%。[①] 目前看来，意见领袖营销热潮还将持续，据 Influencer Marketing Hub 报告，2020年的意见领袖营销将增长到约97亿美元。

（五）拓宽人工智能应用面，启发文化教育新方向

互联网的普及使在线教育更加便利和流行，慕课（MOOC）即"大规模开放的在线课程"用户日益增多。经过多年发展，美国的慕课行业形成了 Coursera、edX 和 Udacity 三大行业巨头。近年来，各大教育平台纷纷开发移动端，向移动领域迈进，在为用户提供更便捷的学习体验的同时，也拓宽了自身发展渠道。

进入移动智能时代，美国率先开启了对人工智能相关教育、研究的支持。2016年10月，美国白宫科技政策办公室发布了《为人工智能的未来做好准备》和《国家人工智能研发战略规划》，2019年2月11日，时任美国

---

① 199IT：《Influencer Marketing Hub：2019年意见领袖营销报告》，2019年7月26日，http：//www.199it.com/archives/911656.html。

总统特朗普又签署了《美国人工智能倡议》，这些都为人工智能的发展开创了良好的政策环境。如今，融资最高的30家人工智能教育公司就主要分布在美国、中国和欧洲。当前，美国的人工智能教育企业产品已覆盖语言学习、自适应教学、虚拟教师等多个类别，慕课头部平台中的 Coursera 等也开设了人工智能类课程。在人工智能相关高等教育的人才培养中，美国以58所高校上榜的绝对优势处于国际领先。[①]

移动媒体也被广泛地应用在美国的图书馆和档案管理工作中。早在2009年7月，美国的第一次"移动图书馆员会议"就讨论了将移动设备的通信、网络访问、短信通知等功能运用于图书馆服务。目前，移动设备正被广泛应用于大型图书馆，既服务于图书馆自身建设，也为众多读者提供便利。美国国家档案馆则早在2009年就开通了博客，通过进驻多类平台，整合多种传播形式，积极运营社交媒体账号，还于2016年发布了《2017到2020年美国国家档案馆社交媒体战略》。图书馆、档案馆等文化场所的移动转型，在为用户提供更加先进的服务的同时，也实现了对其形象的宣传，对于传统图书、档案的信息化存储和管理也是重要的助益。

二、移动传播对美国媒体和社会的冲击

（一）低门槛高互动，媒介赋权提升网络治理难度

移动传播引发了宽泛的技术赋权、传播赋权和治理赋权，而传播者的海量性、身份的隐蔽性、移动性则使移动传播行为难以控制，为网络治理制造了空前的难度。

在经济层面，仅网络视频盗版就导致了美国2017年的 GDP 减少了475

---

① 199IT:《亿欧智库：2019全球人工智能教育行业研究报告》，2019年9月9日，http://www.199it.com/archives/933381.html。

亿美元、降至1153亿美元。在内容安全方面，开放的互联网使种族歧视、恐怖主义、淫秽色情等负面内容也取得了较大生存空间。在网络安全方面，由移动终端中输入和存储的大量信息，使隐私泄露和版权侵权等问题成为近年来的热点。为应对移动终端和社交网络带来的安全问题。美国在2012年就出台了社交媒体工作组法案和社交媒体应急响应措施。2018年9月20日，美国国防部发布了《国家网络战略》，与2017年底颁布的《国家安全战略》相呼应，将网络安全与国家安全联系起来。

但对美国而言，更为棘手的问题在于如何维系网络治理和言论自由之间的平衡。一直以来，美国联邦通信委员会（FCC）贯彻着"少干预，重自律"原则，支持行业自律和公民监督。"9·11"事件后，随着恐怖主义对社交媒体的应用以及网络安全问题频发，美国政府不得不积极推出管理法案、法规加强管理。但这些举措常被视为是对自由传统和宪法第一修正案的挑战，因而屡屡遭到抵制，甚至引发政府内部共和、民主两党的分歧和攻讦。对美国的媒体管理而言，复杂的网络环境和民众对言论管理的抵触情绪成为一道现实的难题。

（二）存量竞争时代，信任危机成社交媒体新考验

经过多年的发展，美国的移动互联网发展趋于成熟，用户习惯近乎固定，进入了存量竞争的时代，人们对社交媒体乃至全部媒体的信任危机成为新的考验，既使新入局平台更难突围，也令已有平台的前行之路困境重重。

在存量竞争时代，强势平台承担风险的能力更强，Facebook 就是一个例子。2018年3月起，Facebook 爆出大规模信息泄露丑闻，形象严重受损。但由于具备长期积累的用户基础，加上用户习惯的养成，尽管经历争议，Facebook 的主导地位仍然稳固。皮尤研究中心的调查表明，2019年，在美

国的成年人中有约69%的人在用Facebook，相比2016年4月变化不大。目前除占比73%的YouTube外，其他社交平台尚不能与之相比。但其商业价值还是受到了一定影响，2018年至2020年Facebook作为营销人员最重要平台的份额下降了8%。[①]

在已有强势平台难以动摇的同时，信任危机正威胁着所有社交媒体。随着假新闻的传播阵地由传统媒体蔓延至新媒体，人们对媒体的信任普遍降低。在Cision 2019年的调查中，63%的受访者称失去了对媒体的信任，较2018年的71%和2017年的91%显著减少。同时，人们对互联网媒体的不信任也日益凸显。2018年的美国人对于互联网影响的评价已不如四年前积极，"X一代"（39~54岁）变化尤其显著，在2018年，69%的"X一代"认为互联网对社会的影响是正面的，较2014年减少了11%。[②]

社交媒体对用户信息的收集和商业化举动也引发了用户担忧。2018年，有74%的用户对Facebook向广告主提供用户信息的行为表示不知情，超过半数的成年用户对此表示了不满。[③] 人们对隐私问题的担忧甚至引发了广告拦截软件的增长。对媒体而言，用户信任决定了他们在存量时代到底能走多远，对新型、小型平台而言，用户信任甚至决定了他们的发展之路是否走得通。

（三）暴露社会分裂，社交媒体加速矛盾议题扩散

移动媒体的便捷性和对传者受者界限的打破，大大提高了消息和观

---

① 199IT：《Social Media Examuiner：2020年社交媒体营销行业报告》，2020年6月29日，http：//www.199it.com/archives/1070265.html。

② Pew Research Center："Millennials stand out for their technology use, but older generations also embrace digital life"，2019-9-9，https：//www.pewresearch.org/fact-tank/2019/09/09/us-generations-technology-use/.

③ Pewresearchcenter："10 facts about Americans and Facebook"，2019-5-16，https：//www.pewresearch.org/fact-tank/2019/05/16/facts-about-americans-and-facebook/.

点的扩散速度，而美国社会的分裂性和众多矛盾议题也因此被充分暴露出来。美国人口构成复杂，经济两极分化显著，分裂性要素较多。2018年，尽管失业率降至五十年来的低点、平均时薪上涨，却仍有38.5%的人在生活基本支出上存在物质困难，[①] 这与占据大量财富的少数家庭生活形成鲜明对比。这一分裂性在2016年的美国大选中得到了充分展露，特朗普和希拉里通过各自的社交媒体策略展示了近乎相左的政治理念，却最终收获了相近的票数，暴露出美国人在国家发展思路上的对立。

在移动媒体和社交网络的发酵下，众多网上言论逐步演变为线下游行，社交媒体对种族歧视、性别平等、移民纠纷等相关议题讨论的巨大扩散作用，揭露了美国社会众多被长期掩盖的内部矛盾。2016年2月，华裔警员误杀非裔男子一案的宣判，多起警察开枪打死黑人事件，都在社交媒体上激起轩然大波，并引发了空前规模的游行抗议活动。2017年底，多名女星在Twitter上发起反对性侵的"MeToo"运动，后发展为线下的游行等运动，在全球都产生了巨大影响力。在这些运动中，社交媒体起到了重要的推动作用。

目前，美国各族裔间的媒体接触和使用水平也存在差异，这也埋下了新的隐患。相比美国整体人口93%的网络普及率，亚裔美国人的网络普及率是99%，他们在2018年的购买力超过了1万亿美元。[②] 但在媒体和广告内容生产和投放上，占美国人口20%以上的亚裔在2018年只吸引了0.1%的广告和媒体支出。[③] 其他少数族裔也面临着相似的境遇，这意味少数族

---

① 199IT:《2018年美国家庭福利调查报告：近半家庭难以负担生活基本开支》，2019年5月25日，http://www.199it.com/archives/881041.html。

② 199IT:《Nielsen：2019年美国亚裔消费者报告》，2019年8月21日，http://www.199it.com/archives/877579.html。

③ 199IT:《PQ Media：2019年美国多元文化媒体预测报告》，2019年8月29日，http://www.199it.com/archives/928105.html。

裔未能受到品牌和营销方的足够重视，这一境况中蕴藏着新的舆论和社会危机。

三、未来发展趋势预测

（一）以新技术为支撑，打造长远优势

发达的教育和创新环境使美国在新技术开发方面始终领先，而新市场的开拓和新技术的研发则支撑着美国新媒体产业的发展。随着5G来临，万物互联还将进入万物智联的时代，在科研水平的持续提升和技术优势的发挥下，美国在移动传播方面的强大优势将得到进一步巩固。

目前，美国在人工智能等新技术的科研和产业发展方面仍有领先优势。根据亿欧智库的数据，截至2018年上半年，在全球范围内监测到的4988家人工智能技术企业中，美国以2039的数量位列全球第一。技术的发展为美国媒体的进一步转型升级创造了前提，但同时，中国、欧洲的技术发展也对美国造成了较大的压力，因此未来美国媒体的技术开发和应用将更多考虑"炫技"之后的长久发展。

对美国各类媒体而言，深入挖掘各类新技术应用场景，最大限度发挥技术优势将成为必然选择。以VR技术的应用为例，早在2010年，美国传播学者诺尼·德拉佩拉（Nonny de La Peña）就提出了"沉浸式新闻"概念。此后数年内，各类媒体基于VR技术做出了充分的探索和创新尝试，如《纽约时报》于2015年推出了虚拟现实客户端"NYT VR"，又于2017年推出360度视频平台"The Daily 360"，CNN也推出了沉浸式新闻平台"CNN VR"。但在这类新闻的采集、制作和发布中，都仍存在着较大的成本和生产、消费门槛，用户习惯也尚未养成，对新闻媒体而言，如何更大程度地发挥技术的传播优势，仍需要长期的发展和探索。

（二）强化媒体可信度，关注内容治理

根据爱立信的预测，到2025年底，全球5G签约用户将达到28亿，大约占到移动用户总数的30%。[①] 技术引发的媒介创新给移动互联网发展带来极大的推动力，但在存量竞争时期，单纯地引用新技术并不能解决媒体实现高速发展和把握用户信任之间的矛盾。因此，如何重塑与用户的关系将成为摆在媒体和政府面前的重要命题。

诚实、可信的平台与真实、优质的内容应同时受到关注。在平台建设层面，尊重用户的权益和诉求，重视对用户信息的保护应成为共识。在内容治理层面，互联网平台不应成为网络谣言、虚假新闻、负面有害信息的"加工厂"和"扩音器"。2018年12月，轻博客应用Tumblr宣布打击色情内容，尽管仅1个月内其页面访问量就下滑了17%，但这一举动却是其打破APP Store屏蔽和韩国、印尼等国家的封杀，实现长久发展的必然选择。对各类平台和美国政府而言，尽管内容治理要面临众多阻碍和现实问题，却也无法避免。

在此过程中，应当重视新兴技术的两面性作用。如AI技术，可以被用于DeepFake换脸等侵权行为，却也可以用于对假新闻、负面消息等的精准识别，在内容的策划、生产、传播等各个环节都可发挥作用。

（三）关注各群体发声，消解社会冲突

移动传播可以在社会行动中发挥巨大的动员、组织和协调作用。而美国政府对新媒体相对宽松的管理，导致很多线上的矛盾议题因得不到解决而演变为现实危机。今后的发展中，美国应当进一步思考如何更好地扩大公民的政治参与，关注和解决群体需求，防范现实冲突。

---

① 199IT：《爱立信：2020年6月移动市场报告》，2019年7月10日，http：//www.199it.com/archives/903644.html。

　　移动传播打破了虚拟和现实世界的界限，使以往群体内部的网络议题成为现实的社会问题，甚至改变社会。如2014年开始在社交网络中风靡的"冰桶挑战"，既引起了人们对"渐冻人"的关注，也为这一群体提供了现实的帮助。对美国社会存在的众多群体而言，社交媒体和移动传播为他们提供了平等、匿名参与政治讨论的平台，对群体情绪的表达起到了很大的作用。但很多时候，社交媒体未必能促进实际问题的解决，反而加剧了矛盾的爆发。因此，如何使移动互联网成为有效发声通道，为各群体争取切实的权益，是美国社会需要思考的问题。

　　在此过程中，社交媒体不仅是重要的政治宣传平台，还将成为美国政府洞见社会，并与公众沟通的一大渠道。对公众而言，能够时刻关注政治人物的联络感，对政府工作事务的参与感，与政府直接对话交流的接触感，都是其他传播行为难以实现的。而深入研究和利用社交媒体，也将为美国的政治传播和社会治理提供新的思路。

　　智能移动终端的诞生，真正实现了人和媒体、人和人在时空中的无缝连接，使媒介真正成为"人的延伸"。其消除了传者与受者之间的身份差异，打破了人际传播和大众传播、虚拟世界和现实世界的界限，深刻地影响着每个人的生活和整个社会的形态。对当前的美国而言，移动传播以高速前进的状态促进着美国社会的发展，同时也挖掘出了"9·11"事件后被掩盖的社会分裂和众多矛盾。对未来的美国而言，发展移动传播，应重点保持技术和内容优势，但如何实现兼顾公民自由与网络治理，保证国家发展前提下的公民参与，是需要重点平衡的问题。

第二节　英国移动传播发展现状、特点及趋势

　　随着移动网络的发展和移动用户的增加，英国传统媒体经济受到冲

击，新闻媒体探索"付费订阅"的盈利法则。媒体的泛社交化给传统"社交媒体"创造了多元发展渠道，从用户需求角度出发，以视频服务为中心的网络格局也已形成。但应注意的是，移动传播也给个人及社会带来了安全隐患，英国媒介规制亟待变革。

2019年6月，玛丽·米克尔发布的《2019年互联网趋势报告》称，2018年全球互联网用户占全球人口总数的51%（约为38亿），智能手机是全球许多用户的主要互联网接入终端。移动传播的发展，不仅智能化地变革了终端设备，改变了用户的行为方式，也冲击着社会、文化、经济等领域。

作为全球第三个已覆盖5G商用网络的国家，英国的移动传播及其应用发展较快。英国政府在2015年2月就已出台《2015—2018年数字经济战略》（*Digital Economy Strategy* 2015—2018），旨在通过数字化创新来驱动社会经济发展，为把英国建设成未来的数字化强国而进一步部署战略方向，可见英国政府非常重视无线网络和移动通信网络的发展。

一、英国移动传播的发展特点

英国作为世界第二大电影、新闻的出口国，其传媒产业的变革和发展的驱动力较强。在移动互联时代，英国的移动传播呈现出新的发展特点。

（一）移动用户增加打破传统传媒经济格局

智能互联的各类移动设备、高速的网络连接系统，以及新型服务的大量涌现，逐渐改变了人们交流与使用媒体的习惯。据调查显示，自2015年以来，英国成年人使用电脑上网的时间逐年减少，与其相对应的是，使用移动设备（智能手机和平板设备）上网的时间则越来越长。2019年，有71%的上网时间是通过智能手机的APP应用达成的。甚至有35%的英国数字用户，仅用手机上网。[①]

在移动应用方面，根据 APP Annie 英国数据调查显示，截至2019年3月，苹果应用商店与谷歌应用商店中共有490万可供下载的应用程序，2018年全年应用程序的下载量超过20亿。平均每个用户在手机上安装94个应用程序，每月使用33个应用程序。16~24岁的年轻人，是应用程序最庞大的用户群，使用时长超出其他年龄段用户33%，使用频率超出其他年龄段用户48%。

不断转向移动终端的用户打破了传统的传媒经济模式。作为传媒主要收入的广告投资，已从传统媒体转战移动市场。2018年移动广告收入占网络广告总额的51%，首次过半。而整个2018年的网络广告总额较2017年增长了13%，这几乎全部得益于移动互联网和智能终端的发展。[②]

（二）付费订阅重塑移动新闻产业发展模式

根据英国通信管理局（Ofcom）发布的"2019年国家媒体报告"（Online Nation Report），2018年英国新闻产业收入增长大部分来源于移动端，电脑端收入自2013年至今一直呈现负增长的趋势，移动端收入占比则由25%（2013年）增长至59%（2018年）；2018年新闻产业收入仍大部分依赖广告投放，但订阅收入占比已增至39%。

近年来移动网络的发展，给英国传统新闻媒体带来了新的挑战。随着移动端用户的增加，媒体开始探索付费订阅等新的发展模式，以应对新闻获取平台多样化以及用户阅读习惯变化带来的冲击。以英国《卫报》的订阅模式为例，2019年，被誉为"英国三大报"之一的《卫报》宣布，在亏

---

① Ofcom："Online Nation 2020 Report"，2020-6-24，https：//www.ofcom.org.uk/research-and-data/internet-and-on-demand-research/online-nation.

② IAB/PwC："2018 Digital Adspend Results"，2018-10-10，https：//www.iabuk.com/adspend/h1-2018-digital-adspend-results.

损20年后首次盈利，而《卫报》55%的收入来自数字资源，这是传统媒体转型过程中非常卓越的成就。自2011年《卫报》提出"数字优先"发展战略以来，就一直致力于移动应用的开发和升级。目前《卫报》的APP对所有用户都是免费开放的，但是它有一个叫作Premium的升级功能，付费订购该功能的用户不会看到广告，还有更好的离线阅读体验，该功能的订购费用为每月6.99美元，目前，这个升级功能的数字订购用户已经达到19万。[①]

虽然外界对"付费墙"或"会员制"模式的引入褒贬不一，但对于传统媒体来说，这无疑是应对新媒体冲击的一个颇为有效的探索。订阅模式的成功，将新闻收入来源由广告商转向用户，促使新闻媒体将重心转向读者需求，为读者提供更多个性化服务，打破了传统新闻产业的商业模式。

（三）以视频服务为中心的网络格局已形成

随着网络传输技术的发展，以及智能手机功能的优化，移动互联网的内容形态逐渐从文字转向了图片、视频。视频以更加直观的优势，受到了各平台的重视。

根据思科公司的一项调查显示，视频流量正在逐年增长，2017年70%的网络数据流都来自在线视频，包括社交媒体中的短视频、视频电话，以及视频分享网站等。数据显示，2017年全年，英国互联网中的视频，需要250万年才能看完。[②]庞大的数据体现了智能互联时代，用户感官需求的

---

① NiemanLab，"Want to see what one digital future for newspapers looks like? Look at The Guardian，which isn't losing money anymore"，2019-5-1，https：//www.niemanlab.org/2019/05/want-to-see-what-onedigital-future-for-newspapers-looks-likelook-at-the-guardian-which-isnt-losingmoney-anymore/?relatedstory.

② Cisco："Visual Networking Index 2017 Year in Review"，2019-2-18，https：//www.cisco.com/c/en/us/solutions/collateral/service-provider/visual-networking-index-vni/white-paper-c11-738429.html#_Toc953326.

变化。

从流媒体平台来看，"2019年国家媒体报告"（Online Nation Report）显示，47% 的英国家庭订阅了 Netflix、亚马逊 Prime 视频、Now TV 或 Disney Life，观众的行为继续从传统广播电视转向在线视频服务。从视频分享平台来看，凭借其短视频传播优势，视频分享平台已取代了社交平台和搜索引擎的部分功能，成为集分享、社交、搜索为一体的综合性应用平台。以最受关注的视频分享平台 YouTube 为例，平均而言，英国成年人每天花约半小时登录 YouTube，其中大部分人是听音乐或看视频。值得注意的是，有 57% 的人是在观看经验分享类视频，仅 2019 年，就有 40% 的英国成年人使用 YouTube APP 进行搜索操作。视频以其简明、直接的优势，成了人们获取信息的主要方式。

不管是流媒体平台还是视频分享平台，都是应移动传播快速发展的潮流发展起来的。而目前，5G 技术已在英国落地，这不仅对移动互联网，更会对视频产业产生颠覆性的影响，用户可能不会再因为网速而放弃长视频，选择短视频，同时，虚拟现实（VR）与增强现实（AR）技术也会呈现井喷式发展，视频产业面临重构。

（四）"社交媒体"的边界在消失

"社交媒体"通常是指如 Facebook、Instagram、WhatsAPP 等，通过用户生产内容，实现与他人进行交流的平台。但移动互联网的发展使所有媒介都呈现"泛社交化"的特点，传统的社交媒体平台已很难与视频分享服务、博客网站等平台划清界限。

一些传统意义上的社交媒体平台，如 Snapchat，一直拒绝"社交媒体"的标签；Twitter 也将自己从苹果应用商店的"社交"分类转至"新闻"分类，由此还为自己带来了更高的下载量。

这些公司纷纷试图撕掉"社交"的标签，从利益角度考虑，是为了能够发展多元化业务，新闻、游戏、支付等业务，都成了社交媒体平台吸引用户群的拓展方式。"社交媒体"巨头 Facebook 自 2015 年开始与新闻和内容出版社合作，开辟新闻板块，2018 年 11 月开始与英国第四台合作，制作自己的新闻节目。从 2017 年开始投资数十亿美元深耕视频内容。[①]马克·扎克伯格曾表示，视频内容始终是 Facebook 发展的第一要义。

由此可见，媒体中新闻、娱乐、教育等业务的开展，本质上依托于人们内心最根本的社交需求。移动传播打破了时间和空间的限制，实现了无处不连接，无处不社交的媒介环境。

二、移动传播对个人与社会的影响

随着信息技术的不断发展，移动互联网给人们生活带来了极大的便利，但与此同时，移动传播的传播即时化、社交互动性高等特点也给个人和社会带来了一定的安全隐患。

（一）危害用户安全，变革媒介规制

在"言论自由"的大环境下，英国政府对媒体和互联网公司的内容管理甚少，英国的互联网公司一向遵循"平台内部监管"原则，但这种"放任自由"的监管模式，却危害了众多网络用户的安全与隐私。

2019 年 4 月，英国数字、文化、媒体和体育部发布了《网络危害白皮书》(Online Harms White Paper)，其中指出，互联网尤其是社交平台中的大量违法、虚假、霸凌等信息，给英国网络用户造成了不良影响。同时，

---

① The Wall Street Journal: "Facebook Is Willing to Spend Big in Video Push", 2017-9-8, https://www.baidu.com/link?url=c1V5ePAcJYQAXMJvVL8C-zKr2xLuCMXeV5-KGVaGfKvKXQvuWbTG0nyAJQq4Cz-BSYZSGal1zs0lk0Xqc9kZyRBGNNoa9pb9oOqd7uSULwit5NtzA9gK0x9cbWwtL_0a&wd=&eqid=a2c4bfcc0004f865000000025d8ae79c.

社交平台利用算法导致的"回音室效应"（又称"信息茧房"）和"过滤气泡"效应，阻碍用户接收其他信息来源，这些都威胁到了人们的生活，甚至危害到了国家安全。

根据《卫报》的分析，14岁英国少女莫莉·拉塞尔的自杀以及新西兰的恐袭事件，都对《网络危害白皮书》的出炉产生了重要影响。2017年，14岁的英国少女莫莉·拉塞尔在社交媒体上观看了鼓励自杀的"灰色"内容后，选择结束自己的生命。此后，她的父亲开始呼吁网络公司清理平台上的相关内容。2019年3月，新西兰发生恐怖袭击事件，澳籍枪手伦顿·塔兰特在 Facebook 直播行凶过程，血腥视频被疯狂传播引发舆论哗然，为英国政府带来了巨大压力。

与此同时，英国信息专员办公室（ICO）与英国通信管理局（Ofcom）2019年进行联合研究，对 Snapchat、Facebook、WhatsAPP、Twitter、Instagram、YouTube 的成年用户做了调查，结果显示，因提供攻击性、误导性信息，Facebook 和 YouTube 成了最不受用户信任的社交平台。

此外，公众对于互联网以及社交平台的不信任，还来自个人隐私的泄露。用户数据是移动媒体吸引广告投资的重要财富。根据《华盛顿邮报》的报道，英国葛兰素史克制药公司等多家知名企业，利用用户的网络数据搜集和交换病人信息。欧盟的舆论调查机构欧洲晴雨表2015年做了一项关于数据保护的调查，67% 的受访者担心他们很难或无法掌控自己在网上所提供的信息。① 也正由于此，近年来在欧美国家盛行的"现代化的新路德派"，比以往更加流行。该派的主要思想是，尽量远离智能手机给生活带来的不良冲击，要掌控科技，而不是被科技所掌控。

《网络危害白皮书》的出台，终结了互联网平台"自我监管"的时代，

---

① Mark Penn, Meredith Fineman, "Microtrends Squared", 2019-1.

但也有学者提出，社交媒体监管将威胁到英国的言论自由。但无论如何，自由与约束都应从公共利益出发，平台和政府都有责任保护用户的合法权益。

（二）放大社会问题，引导政治舆论

移动传播所产生的被重构的时空，使得媒介内容可以在全球范围内流动，因此，社交平台已逐渐成为新闻媒体进行传播的新阵地，社交媒体的"病毒式"传播速度使其成为政客宣扬立场的政治舞台。世界上一些国家的领导人或机构在 Twitter 上开设账号，在社交媒体上营造自己的个人形象，如美国前总统特朗普等。近年来，许多国家的政治事件都通过社交媒体的发酵和传播，引起公众舆论，甚至改变公众的政治态度。

值得注意的是，在2016年的英国脱欧公投中，社交媒体的作用不可低估。牛津大学出版的《英国"脱欧"公投的新闻报道》（*UK Press Coverage of the EU Referendum*）以及伦敦国王学院政策研究中心发布的《2016"脱欧"公投中的英国媒体报道》（*UK Media Coverage of the* 2016 *EU Referendum Campaign*）显示，英国媒体在此次公投期间，倾向脱欧立场的新闻报道幅度远远大于留欧立场的报道，媒体的报道方式影响了受众的投票倾向。而这些报道的舆论影响力，大多是通过社交媒体实现的。[①] 在公投结果公布后，《哈利·波特》的作者 J.K. 罗琳，在 Twitter 连续发布三条信息，表示英国脱欧将导致英国分裂，这一观点在网络上也引起了众多读者的响应。这种议程设置的方式，虽然不能决定人们怎么想，但可以影响人们去想什么，再凭借社交平台具有广泛影响力的特性，一定程度上可以影响甚至改变人们的态度。

---

① 张恬恬：《英国主流报纸在脱欧公投中的传播策略分析》，《今传媒》，2019年第5期。

虽然社交媒体在多大程度上影响了此次公投的结果很难被量化，但可以确定的是，其在公投中通过报道、议程设置等方式，引导了公共舆论，产生了一定的社会效应，由此可见，社交媒体时代，人们的行为、思维以及情绪都在潜移默化地变化。

三、未来发展趋势展望

英国移动传播的发展，在创造发展机遇的同时，也为英国政府对新媒体的治理带来了挑战。要顺应移动传播的发展，则需在创新和治理中寻求新的平衡。

（一）以技术创新推动数字社会治理

为清理互联网的灰色内容，给用户一个绿色、纯净的网络生态，英国的《网络危害白皮书》中指出，不仅要成立专门的网络监管机构，细化具体惩罚措施，还呼吁科技公司利用技术手段的创新，协同推动网络生态的净化。2018年11月，英国政府就参与举办过一场"黑客马拉松大赛"，来自5家知名技术企业的参赛选手，共同开发了一款解决网络侵犯儿童的应用，该应用现已免费授权给其他所有的网络公司，以保护儿童互联网用户。

此外，英国一直都在积极推动人工智能的开发与应用，在人工智能领域的研究也是稳中求进。虽然目前来说，依托人工智能与算法结合的方式，监管媒介内容仍不够完善，但随着技术研发的成熟，未来人工智能技术的应用会越来越广泛，而人工智能技术在很大程度上会通过改变新闻的生产和分发方式，起到监管和保护用户的作用。

值得注意的是，有不少专家指出人工智能存在隐患，当前的人工智能仍然受"人"所控，但人工智能学习的能力和速度是超出人们想象的，一旦失控，后果也会不堪设想，这也是未来需要面对的难题。

（二）"慢新闻"以退为进，打造内容优势

随着移动互联网的发展，使用移动设备获取新闻的用户越来越多，英国各大新闻媒体为了争夺用户，将优势点从"精"纷纷转向"快"，由此催生"假新闻"事件频发。

Facebook 近年来频频陷入"假新闻"丑闻，从美国大选到英国脱欧，社交媒体的新闻报道受到越来越多用户的不信任。知名市场研究机构 eMarketer 的研究报告显示，2018 年用户平均每天在 Facebook 平台上停留的时间持续减少，人们对社交媒体的关注度和信赖度均在下降。

路透新闻研究所研究员 Nic Newman 大胆预测，社交网络将在未来迎来一波"数字排毒潮"，新闻媒体也会随着这股潮流受到冲击。但同时他还提到，像 BBC 前任新闻总监 James Harding 等人创立的"乌龟媒体"等专注全面、深耕内容的"慢新闻"媒体，会越来越受到用户的青睐。[①]"慢新闻"与以往的新闻媒体最大的不同，是坚决反对"短平快"，强调高质量、有意义的新闻，注重知识传播，对信息进行分析和整合。同时，"慢新闻"更注重新闻的内容，会有意识地削减信息量，避免"新闻噪音"。[②]

当前，越来越多的互联网科技巨头开始注意到用户对"慢"的需求，开始推出"防沉迷""屏幕使用时间控制"等功能，帮助用户回归理性。未来，"慢新闻"会不断释放其传播理念，扩大新闻影响力，在互联网快节奏的时代打造自己的独特优势。

---

① Nic Newman："Journalism, Media, and Technology Trends and Predictions 2019"，2019-1-10，https://reutersinstitute.politics.ox.ac.uk/our-research/journalism-media-and-technology-trends-and-predictions-2019.

② 王宁芳：《快节奏时代下"慢新闻"媒体的实践经验——以英国 Tortoise Media 为例》，《海外传媒》，2019 年第 6 期。

（三）新技术将带来新一代媒介

近年来移动传播设备一直都以智能手机占主导地位。但随着人们对交互性和参与性体验的需求增加，其他可移动设备的使用量也在大幅增加。例如，eMarketer 的调查显示，2018 年英国已有 950 万人使用智能音箱，比 2017 年增长 98.6%，2019 年预计增长三分之一。虽然 2019 年用户使用移动设备进行搜索首次超过电脑，但随着移动技术的发展和移动设备的变革，未来搜索领域极易被其他更便捷的语音助手所代替。

另一个正在快速变革的领域就是视频技术。YouTube、Facebook、BBC 等媒体平台，一直在发展 360 全景视频（360 Video）与虚拟现实技术（VR），相继推出沉浸式的全景观赏视频及应用，给用户带来颠覆性的媒介体验。BBC 在 2016 年，就利用 360 全景视频技术摄制了一期技术节目 Click，受到了广泛关注，目前全球多家新闻媒体，都会在重大新闻中采用全景技术，为用户带来丰富的视觉体验。

目前，虚拟现实技术被应用于教育、娱乐、体育等众多领域，但受限于设备不够精巧方便，目前在英国还未成为主流。但技术的不断进步将为英国在移动设备革命中创造更多优势。

移动互联网的发展和智能终端的产生，引领人们进入了"万物皆媒"的智媒时代。这不仅打破了媒介的时空界限，也给个人、社会带来了深刻的变革。对英国而言，移动传播仍在快速的发展和变化之中，给各领域、各产业都带来了新兴的发展模式。但同时，移动传播也以其传播速度快、影响范围广的特点，给各领域带来挑战。英国未来将继续扩大数字产业发展，大力发展移动互联网与移动终端，在快节奏的发展中，如何注重用户需求的变化，保护公共利益，把握好自由与监管的度也成为英国政府在移动传播治理中必须考量的问题。

第三节　加拿大移动传播发展现状、特点及趋势

随着传播技术的不断发展，人类逐渐进入移动传播时代。根据 We Are Social 和 Hootsuite 合作发布的《2020年全球数字报告》（Digital 2020：Global Digital Overview）显示，截至2021年1月，全球移动用户为52.2亿，同比增加0.93亿，约为1.8%；全球社交媒体用户达42亿，比去年同期增加了4.9亿，约为13.2%；全球有将近60%的人口接入互联网。[1] 全球互联网和社交媒体的使用不断增加，当今社会可谓是移动的数字化传播时代。

加拿大是全球移动传播发展速度最快的国家之一，互联网用户超过3500万，渗透率高达94.7%。[2] 数据显示，加拿大移动互联网用户每周上网时长超20个小时，最高上网时长达30个小时，[3] 83%的加拿大网络用户会观看网络视频，在社交媒体中，Facebook 则是最受加拿大人欢迎的社交平台。从整体来看，加拿大的移动传播发展日新月异，对人们的生产生活工作等方面都产生了重要影响。

一、加拿大移动传播的发展特点

加拿大作为北美发达国家，大众传媒及新兴媒体发展迅速。高度的互联网接入率使加拿大的媒体用户迈入了移动社交时代，其移动传播呈现出新的发展特点。

---

[1]　We Are Social&Hootsuite：“Digital 2021：Global Digital Overview”，2021-1-27，https：//datareportal.com/reports/digital-2021-global-overview-report.

[2]　J.Clement，“Internet user penetration in Canada from 2017 to 2023”，http：//www.statista.com/statistics/373936/canada-online-penetration/.

[3]　https：//www.statista.com/statistics/1266832/canadians-mobile-internet-time-spent/.

（一）移动网络和社交媒体社会渗透率不断提高

移动网络技术的不断发展，逐渐改变了人们接入互联网的方式，更便捷的移动网络将用户从 PC 端迁移到了移动端，加拿大更是成为互联网渗透率和社交渗透率较高的国家之一。

艾媒咨询数据显示，预计到2023年，互联网人口将增长到3810万，几乎可实现99%的互联网接入率。根据加拿大互联网注册管理局（CIRA）的统计，74%的加拿大人每天至少花费3~4小时上网。从2017年6月到2019年6月，加拿大网民在线的时间增长了34%，且这些网民在线时间中有较大比例都花费在了移动设备上。[①]

加拿大的社交媒体用户约2270万，预计这一数字将在2022年增长到2409万。在加拿大，从个人、品牌到公共部门都非常热衷于使用社交媒体。据 Media Technology Monitor（MTM）[②] 报告显示，三分之二的加拿大社交媒体用户每天都会登录他们的账户。94%的在线加拿大成年人已经注册了至少一个社交媒体平台，其中最受欢迎的社交网络平台是 Facebook、YouTube、Facebook、Messenger、Twitter 和 Instagram。

Facebook 是加拿大最受欢迎的社交网络，使用频率最高，每周平均使用9次。87%的加拿大人每周会通过 Facebook 阅读或搜索其他人的信息，半数以上的 Facebook 用户称他们会在 Facebook 上查看新闻内容。[③] 值得注意的是，13%的加拿大人拥有 YouTube 个人频道，8%的加拿大人拥有自己的个人博客或者网站。

---

① Comscore："2019 Global State of Mobile report"，https：//www.prnewswire.com/news-releases/comscore-releases-2019-global-state-of-mobile-report-revealing-unique-insights-across-10-markets-300967578.html.

② Media Technology Monitor（MTM）是加拿大电台的研究产品——媒体技术监测。

③ Nic Newman, Richard Fletcher, "Antonis Kalogeropoulos, and Rasmus Kleis Nielse"，Reuters Institute Digital News Report 2019.

（二）融合、跨界、重组，传统主流媒体求新求变

加拿大移动传播与世界其他地区大致相似，以传统媒体的融合转型和数字网络的发展为主要特征。如今，传统媒体在数字化浪潮中不断受到冲击，在媒体融合时代下以合适的方式进行融合、跨界、重组，是传统主流媒体适应移动传播，进行自救的有效途径。

加拿大广播公司（Canadian Broadcasting Corporation，CBC）于1936年成立，是加拿大唯一的国营广播公司，旗下承担了加拿大全国范围内的电视和电台网络，同时也提供数字网络及其他内容产品服务。根据不断变化的媒介环境，CBC在坚守广播主业的同时，也积极与新媒体融合发展。其在2014年就提出了2020发展战略（Strategy 2020），目标之一就是将原有网络用户翻一番。2018年在线用户数已达到1850万，提前两年半完成了预期目标。在多终端传播方面，加拿大广播公司也有了进一步突破。线上网站成了节目内容的"大本营"，CBC原创性的大部分节目都能在网页中找到并进行试听下载；利用社交网站增强与用户互动，几乎每一档广播节目都在Facebook和Twitter平台上有自己的账号；CBC还拥有自己独立的手机APP，实现用户的随时随地收听。[①] 加拿大广播电台积极求新求变，在移动传播时代积极实现与新媒体的融合重组。

加拿大的全国性报纸《环球邮报》（*The Global and Mail*）积极发展网络版，在做好内容质量的同时，还跨界与苹果公司合作来尽可能多地抢占电子读者。在苹果手表iwatch上推出了智能应用，试图以"一句话新闻"和高质量图片的形式争取更多的电子订阅用户。[②]

---

① 王岚岚、钟新:《新时期加拿大广播公司运营策略探究》，《声屏世界》，2018年第2期。

② 科技日报:《用新技术促进旧模式转型发展——加拿大传统媒体艰难转型的启示》，http：//digitalpaper.stdaily.com/http_www.kjrb.com/kjrb/html/2016-03/24/content_334647.htm?div=-1。

媒体的移动互联趋势甚至影响了加拿大的中文媒体。很多传统媒体尝试开设网站和社交媒体账号，同时上百家中文网站创建并迅速发展，覆盖了新闻、论坛、资讯等多个类别，其中"加国无忧"就是其中发展得比较好的网站。传统媒体通过不断与新媒体的融合，将其主要内容移植到新媒体移动终端上，通过移动手段进行传播成为重要的手段。

（三）移动网络应用朝着"视频流"化的趋势发展

根据全球移动通信系统协会（Global System for Mobile Communication Association，GSMA）发布的2020年北美移动经济报告显示，从2018年到2025年，加拿大通过手机接入互联网的占比将从78%上涨到81%，其中通过5G技术上网的比例将从2018年的零快速上升到2025年的42%。[1]5G使过去的"移动互联网时代"进一步进化为"万物互联的高速移动互联网时代"，这无异于为视频传播创造了良好的前提条件。届时，移动互联网应用将朝着"视频流"化的趋势发展。

加拿大网民花在社交媒体上的时间平均每天1小时49分钟，[2]以周为统计单位，加拿大成人通过所有网络平台观看视频的时间则高达777分钟，在其他所有网络在线活动中排名第一。据调查显示，四分之三的加拿大网民目前至少订阅了一项OTT视频流服务，[3]截至2018年，加拿大已有678万用户订购了Netflix视频服务，而2023年预计将增至796万。[4]

---

[1] GSMA："The Mobile Economy North-America 2020"，https：//www.gsma.com/mobileeconomy/northamerica/.

[2] http：//www.statista.com/statistics/237478/daily-time-spent-with-media-among-adults-in-canada/.

[3] Broadcast Dialogue："Online & Digital Media News-Rogers Resurrects 'Speakers Corner' Online"，2020-4-6，https：//mtm-otm.ca/Download.ashx?file=Files/News/06-04-2020.pdf.

[4] Amy Watson，"Number of Netflix subscribers in Canada from 2017 to 2023"，http：//www.statista.com/statistics/685141/canada-netflix-subscribers-count/.

自2018年起，短视频行业就迎来了"风口"，2019年视频传播的热潮依旧没有退去。在各大社交媒体平台上视频传播仍占有"半壁江山"：视频网站YouTube已超越Facebook成为美国互联网用户渗透率最高的社交网站；BBC推出为用户提供事实型短视频（Factual Video）的内容服务平台BBC Ideas；TikTok快速占领全球市场；苹果公司计划投资10亿美元推出原创视频服务……有了5G技术的加持，加拿大"视频流"化的移动传播黄金时代即将到来。

（四）网络在线连接更为紧密，社交距离缩小

新媒体时代，网络传播技术的发展使信息传播突破了时空限制，即使天各一方也能借助网络实现面对面交流。特别是移动媒体的普及，各类网络在线连接服务不断缩小社交距离，将人们更紧密地连接在一起。

加拿大电台的媒体技术监测（MTM）发布了关于新冠肺炎期间有关技术使用和通信模式的最新调查报告。基于对4000名加拿大人的在线调查，发现Facebook Messenger和Zoom等平台的使用大幅增长，超过六成的加拿大网民在新冠肺炎期间进行过网络视频通话。以及超过六分之一的加拿大人在新冠肺炎疫情暴发以来，使用像Netflix Party这样的社交观看功能和家人一起观看视频内容。Facebook和YouTube是最受欢迎的远程社交观看平台，使用人数占比达到36%。

即时通信技术的发展使人们摆脱了物理空间的距离束缚，移动网络的覆盖成了"人体的延伸"。移动传播时代，网络在线沟通创造了另一种可能性——物理空间中需要保持社交距离，但在移动网络世界中，人们的社交距离反而不断缩小，人们的情感连接得更为紧密。

二、移动传播中存在的问题

移动传播技术的发展为人们利用互联网进行生产生活带来了极大的便利，但由于社交媒体的匿名与裂变等传播特性，也产生了某种程度的信任危机。同时，加拿大也因其特殊的地理位置和政治文化环境而产生了特殊的问题。

（一）传播信任危机，移动传播面临信任重建

公信力是媒体的立足之本，缺乏公信力的媒体会陷入"塔西佗陷阱"，难以脱身。在移动传播时代，由于社交媒体的匿名性、即时性、裂变式传播等特性，全球传播信任危机不断发出预警。虽然在使用 Facebook 的加拿大用户中，超过一半的人表示会通过 Facebook 来接收新闻信息，但由于 Facebook 在 2018 年接连遭遇的数据泄露、假新闻、安全漏洞等一系列丑闻，用户利用 Facebook 等类似的社交媒体来获取新闻的比例已经有所下降。根据 Edelman 公司发布的《信任晴雨表报告》（*Trust Barometer Special Report*）显示，已经有 60% 的人不再信任社交媒体，[①] 移动传播面临着较为严峻的信任危机。

Ipsos 加拿大中心（CIGI）的民意调查显示，只有 10% 的加拿大人表示没有被假新闻欺骗过。在接受访问的 25229 名网民中，52% 的人表示偶尔会被骗，33% 的人表示"有时"会上当，有 5% 的人表示经常会被假新闻欺骗。并且越来越多的加拿大人认为社交媒体可信度问题的严重性已经超过了网络犯罪。对此，加拿大联邦政府推出一项全新的数字宪章（*Digital Charter*），旨在打击仇恨言论，虚假新闻。加拿大总理特鲁多也表示，社交平台"必须以一种主要的方式加强对抗虚假信息"，来保证网络传播信

---

① Edelamn，Trust Barometer Special Report：Brands and Social Media，June 2018.

息的真实性。

研究还发现，加拿大人对于网络隐私安全比去年更加关注，有76%的人对此表示担心。这种担心并非空穴来风。2018年，黑客获得了3000万个Facebook用户账号信息；谷歌因非法收集用户隐私被状告；Twitter内部发现密码漏洞，超过3.3亿用户的密码疑遭泄露。信息时代的我们都在互联网中被"窥视"，用户隐私保护和移动传播的信任重建都是未来社交媒体甚至移动传播领域所面临的重要挑战。

（二）大国博弈的强依赖性，报道带有偏向性

加拿大地处北美洲北部，在政治、外交、经济和文化等多个方面都会受到邻国美国的影响。历史表明，从印刷时代开始，美国媒体的发展程度就一直领先于加拿大。美国的传播渗透，无时无刻不在劝说加拿大倾向于美国。虽然为了保护本土媒体和本土文化，加拿大有制定专门的媒体政策来保证"加拿大"性，但从当前的情况来看，显然收效甚微。

近年来中美两国贸易产生摩擦，由于地缘政治、社会文化背景等因素的影响，加拿大媒体在中加两国的博弈之中明显表现出了对美国的强依赖性，相关涉华报道带有明显的倾向性和局限性。

CBC作为加拿大国家级的广播电视媒体，其终端覆盖加拿大86%的人口，英语线上网站的月独立访问量达到1690万。[1] 移动传播时代，传播突破了以往的时空限制，信息以裂变式的方式在全球范围内流动，舆论场也成了世界各国进行博弈的"主战场"，社交媒体平台成为政客和舆论领袖宣传政治观点的"主阵地"。加拿大主流媒体正积极布局新媒体领域，相较于传统媒体时代，移动传播时代的媒体具有更大的舆论力量。这样带有明显偏向性的新闻报道不仅会影响加拿大国内的舆论走向，甚至会在国际

---

[1]　Enviroscan 2018，http：//www.cbc.radio-canada.ca/en/reporting-to-canadians/studies/.

关系中造成不良影响，不利于国际关系的和谐发展。

三、未来发展趋势展望

加拿大的移动传播在高速发展的同时也给加拿大政府的媒体治理带来了挑战。在未来，加拿大的移动传播发展将立足自身不足，结合自身特色，寻求新的发展机遇。

（一）全力应对假新闻，继续开展全民媒介素质教育

社交媒体上的假新闻泛滥已成为国际关注的重点，层出不穷的假新闻会影响各国的政治安全、经济安全与社会稳定，各国也都采取了不同措施进行应对。加拿大联邦政府在2019年发布了全新的数字宪章（Digital Charter），旨在保护公民的在线权益，并加强对社交媒体平台的管理，该宪章主要针对网络上存在的假新闻和仇恨言论。在加拿大，任何企图通过传播虚假新闻来伤害他人利益的行为即属违法，最高可判两年监禁。

除了使用法律手段和行政手段之外，加拿大在学校课程中还强制加入了媒体素养教育。目前，加拿大正在实施"明智新闻"（News Wise）项目，学术界和新闻界协力应对假新闻问题，为9~19岁的学生提供媒介素养教育，旨在提高其辨别真假新闻的能力。[①]加拿大的媒介素养教育在国际社会中一直处于前列，在全民媒介素质教育上颇有经验。安大略媒介素养协会是加拿大国内正式成立的首个媒介素养教育组织，形成了多元化、多维度、全方位的媒介素养教育体系，在对民众进行媒介素质教育过程中积累了大量经验，其可为加拿大国内后续的全民媒介素质教育提供理论指导和实践指导。

随着全球移动传播和社交网络的不断发展，假新闻仍然会是威胁媒

---

① 邓备：《社交媒体假新闻治理：全球实践与未来趋势》，《中国记者》，2019年第2期。

介公信力和社会稳定的重要因素，在加拿大生产、传播假新闻仍然风险很高。在未来，加拿大仍要全力应对假新闻，继续做好全民化的媒介素质教育。

（二）5G 和人工智能技术大放异彩，重塑移动传播格局

5G，即第五代移动通信技术标准（5th-Generation），相比较 4G，5G意味着更快的数据传输速度、更低的通信延迟、更安全的网络服务和更多元的业务种类和应用场景，"万物互联"不仅会使人与人之间的通信发生革命性改变，也能使人与物甚至物与物之间密切联系，构建智慧化的移动传播新格局。除了 5G 技术，人工智能（AI）也成为传媒新技术应用的热点。AI 除了对新闻采编流程进行再造、AI 合成主播播报新闻之外，还有一些媒体开始利用人工智能技术来甄别假新闻。可以说，在未来的新闻媒体领域，5G 和人工智能技术将会大放异彩。

2017 年 3 月，加拿大联邦政府发布了泛加拿大人工智能战略，包括大规模培养人工智能研究人员、成立人工智能研究中心等。2018 年加拿大在G7 峰会上发布了《沙勒瓦人工智能未来的共同愿景》，进一步坚定了发展人工智能技术的决心。在 Geoffery Hinton、Richard Sutton、Yoshua Bengio等顶尖学者的带领下，多伦多大学、蒙特利尔大学在当下的人工智能浪潮中扮演着重要角色，多伦多、蒙特利尔也成为全球人工智能研究重镇。[①]

根据 GSMA 发布的 2020 年北美移动经济报告显示，加拿大的 5G 使用将会在 2025 年增长至 42%，北美将会成为 5G 技术的世界领导者。加拿大的移动运营商在 5G 发展方面已经取得了显著进展。例如，贝尔于 2020 年 6月启动 5G 商用，2021 年宣布在未来两年内投资 12 亿加元以改善其 5G 网络，

---

① 腾讯研究院：《人工智能浪潮改变全球媒体和创意产业》，《机器人产业》，2017 年第 6 期。

将5G覆盖率提高一倍。

在未来，5G和人工智能技术将会给传媒产业带来革命性的影响。更快速的移动传播速率，更广泛的移动媒体接入，更智能的媒介使用环境，都会重塑加拿大的移动传播格局，带来意想不到的新变化。

（三）移动传播发展亟须放到全球视野下重新考量

麦克卢汉预言的"地球村"早已成为现实，当今世界数字媒介技术发生革命性转变，媒体传播正跨越国际和地区的边界，努力突破语言的藩篱，向着全球共同体的方向发展。在万物互联的传播环境下，任何搞分裂、对立的做法都是不明智的选择。

对于加拿大媒体报道中存在的报道偏向、政治站位问题，需要将移动传播置于全球视野下进行解决。加拿大是较早与中国建交的西方国家之一，中加两国在全球化和自由贸易、应对气候变化等方面都有密切合作。加拿大必须正确看待中加两国关系，尽早摆脱美国"卫星国"的身份，媒体进行客观发声，公正地看待中美关系和中加关系。

"人类命运共同体"是全世界发展的共同诉求，中国提出的"一带一路"倡议不仅仅是发展沿线经济的公共产品，更是一个具有全球视野的综合性合作平台。虽然加拿大媒体在报道"一带一路"倡议时态度从负面转向中立，但在一些重大问题上仍然存在误读，造成加拿大国内对"一带一路"倡议在认识上存在分歧。[①]移动传播技术使得媒体的影响力与日俱增，全球化时代移动传播的发展也亟需全球化视野。加拿大只有真正摆脱在大国博弈中的强依赖性，用全球化的视野看待自身身份，其一直渴望的"加拿大"性才有可能早日实现。

---

① 朱琼莉、邹萍：《加拿大主流媒体视野中的"一带一路"倡议解读——对〈环球邮报〉相关报道的内容分析》，《上海对外经贸大学学报》，2018年第3期。

在5G的引领下，人工智能、大数据、云计算等技术交相影响，颠覆和重构了传媒业，移动化、智能化和数据化将是未来传媒业的主要特征。"万物皆媒"的智媒时代将会给个人和社会带来巨大影响。加拿大作为发达国家，是移动传播发展速度较快的国家之一。了解国内传媒发展的特点和问题，面对国际社会的复杂关系，加拿大传媒业和政府还需继续深化全球化视野，利用好新兴媒介技术重塑移动传播新格局，构建加拿大移动传播的良好生态。

第四节　澳大利亚移动传播发展现状、特点及趋势

2020年1月30日，We Are Social 和 Hootsuite 联合发布最新《2020年全球数字报告》（*Digital* 2020 *Global Overview Report*）。报告显示，截至2020年1月，全球使用互联网的用户已超45.4亿，占全球人口的近六成，而使用社交媒体的用户已达38亿，较去年同期增长9.2%。以社交媒体为代表的移动媒体已成为世界各地人们日常生活中不可或缺的一部分。同时，移动 APP 的下载和应用时长继续保持上升态势。移动数据分析公司 APP Annie 的数据显示，2019年全球移动 APP 的下载量达到2040亿次，较2018年增加了100亿次；各类 APP 的应用时长为3.7小时（2018年为3小时）。人们对移动互联网的应用广度和深度都在增加。受到全球新冠肺炎疫情的影响，现代生活越发向互联网集中，进一步强化万物互联，推动移动传播的发展。

澳大利亚也不例外。2019年5月，澳大利亚最大的电讯公司 Telstra 宣布正式推出5G 网络，使澳大利亚成为世界上第三个使用5G 网络的国家。不过，国人对于本国移动传播的发展进程并不满意。据调查，四成的受访者认为澳大利亚数字化的先进程度落后于其他发达国家，只有14% 受访者

认为澳大利亚数字化程度比其他发达国家先进。[①] 在全球5G技术革新的浪潮与澳大利亚移动媒体较为迟缓的发展落差下，当地移动传播呈现出了何种特征及趋势，对用户和社会产生了何种影响，值得我们关注和探究。

一、澳大利亚移动传播的发展特点

作为全球传媒大亨默多克的发家之地，澳大利亚当地报纸已拥有200余年历史，传统媒体体系发展成熟，核心报业集团集中化、垄断化，不断吸引优质传媒资源集聚、积累。基于此，澳大利亚移动传播的发展呈现出了截然不同的特征，对传统媒体产业、移动新闻内容的生产、移动音频产品及社交媒体等领域都带来了新的发展模式。

（一）高移动渗透率对传统媒体产业形成冲击

互联网的广泛普及、智能移动端设备及5G网络技术的不断迭代升级，使得移动用户人数不断增长。《全球移动互联网市场研究系列报告》显示，截至2020年1月，澳大利亚的互联网用户已达2230万，互联网渗透率高达88%，移动渗透率达78%，[②] 全球范围内排名前列。人们的媒介使用习惯也逐步发生了变化。据市场调研公司EY调查显示，69%的受访者表示每天早晨睁眼第一件事就是打开手机或平板电脑，有75%的人认为自己的生活已经离不开诸如谷歌等各种搜索引擎。

不断提高的互联网渗透率和移动渗透率对于传统媒体无疑是沉重的打击。目前，当地核心报业集团默多克的新闻集团（News Corporation）、费尔凡克思报团（John FairFax Group）都处于发行量低迷以及广告盈收下降

---

① EY：《69%的澳大利亚人醒后第一件事是查看移动设备》，2014年11月24日，http：//www.199it.com/archives/295262.html。

② 《全球移动互联网市场研究系列报告 | 完结篇·澳大利亚》，2019年1月2日，https：//m.sohu.com/a/286015322_197877。

的状况。数据显示，自2011年到2016年，澳大利亚报纸的阅读量下降近一半（45%），并处于持续下降的趋势。尤其在18~24岁的青少年群体中，超过半数（64.9%）选择使用移动新闻平台来获取信息。[①]蔓延全球的新冠肺炎疫情更是让传统纸媒的处境雪上加霜，新闻集团宣布将在6月底前停止印刷100多种澳大利亚报纸，其中36家将完全关闭，76家改为数字报。

尽管如此，相比其他西方国家断崖式的急剧衰退，澳大利亚报业的萎缩态势相对平稳很多，这主要受益于当地相对成熟和完善的报业体系。在澳大利亚，报纸依然是比电视、广播、网络更受信赖的媒介，以报纸为代表的传统印刷媒体依然是媒介的主体。数据显示，70%的澳大利亚人依然保持读报的习惯，490万澳大利亚人（约占总人口的22%）每天坚持阅读纸质社区报，有58%的读者从报纸上获取广告，超过了从电视上获取广告的占比（56%），远超其他媒体。[②]尤其在全球新冠肺炎疫情期间，传统媒体更成为澳大利亚人的首选信息来源，但大部分读者都集中在数字媒体平台，疫情期间数字报的受众增长逾60%。[③]

（二）由传统媒体主导的移动新闻内容生产

澳大利亚移动新闻内容的生产是基于较为完备的传统媒体体系发展起来的。一方面，从澳大利亚的新闻门户网站来看，排名前五位的网站中有三家网站由传统媒体持有，包括默多克的新闻集团旗下的网站（www.news.com.au）。另一方面，作为全球首个所有主流大报的电子版均需付费的国家，澳大利亚大部分知名报纸在2013年底便已经完成了付费墙的搭建。通

---

① DIGITAL NEWS REPORT: "AUSTRALIA 2016"，University of Canberra，2016.

② 周蔚华：《澳洲的传媒生态——澳大利亚传媒业考察手记》，《传媒》，2017年第3期。

③ 中国纸网：《新闻集团旗下100多种澳大利亚报纸将停印》，2020年6月2日，http://www.paper.com.cn/news/daynews/2020/200602094133392741.htm。

过设立不同等级的付费模式，避免付费阅读"一刀切"，为移动信息传播提供了优质、专业、开放的新闻内容。比如，新闻传媒集团旗下的《先驱太阳报》《每日电讯报》和《信使报》等报纸为了保持网站流量、更好地吸引广告商，采用"软模式"付费墙，用户每周可以免费阅读几篇文章并将其分享至社交网站；而《澳大利亚人报》则有选择性地将新闻价值较高的报道、专栏内容留在付费墙内，而相对来说普通、日常的快讯、消息类新闻则免费开放给读者。这种梯度式付费墙在一定程度上实现了传统纸媒的初步数字化转型。新闻集团澳大利亚执行主席迈克尔·米勒（Michael Miller）指出："新冠肺炎疫情影响了社区和地区报纸出版的可持续性。但在疫情隔离期间，澳大利亚读者更为依靠可信的媒体，这使得数字报的受众增长了60%以上。"

但付费墙能否成为纸媒实现可持续盈利的长久之计仍待时间检验。根据波士顿咨询集团的研究，虽然有4%的澳大利亚人表示他们愿意新闻付费，但这种意愿并没有完全转化为行动。调查数据显示，全澳只有一成读者实际支付了在线新闻。[①]尤其是存在着由国家公共资金支持的媒体 ABC 为公众提供免费优质内容的情况，这给实行付费墙模式的传统纸媒带来了巨大压力。

（三）以播客为代表的移动音频产品受欢迎

播客（Podcast），是数字广播技术的一种，可以理解为以播放音频为主的客户端。播客录制的内容是网络广播或类似的网络声讯节目，用户可以将网上的广播节目下载至自己的 iPod、MP3 播放器或其他便携式移动端，随身随时收听。事实上，随着网络传输技术的发展及智能手机功能的优化，中国移动传播的内容形态已从单纯的文字、图片转向了短视频等融媒

---

① 陈昌凤、霍婕：《澳大利亚纸媒的数字化生存》，《新闻战线》，2017年第3期。

体，广播电台、音频产品逐渐淡出用户的视线。然而，在澳大利亚以播客为代表的移动音频产品却成了移动媒体的新发力点。

2018年，澳大利亚新闻界最高奖项——沃克利新闻奖（Walkley Awards）的金奖获得者就是一个播客节目《老师的宠儿》。该节目讲述了一桩38年前一名女子神秘失踪的悬疑谋杀案，《澳大利亚人报》首席记者哈德利经过半年时间的追踪调查，最终制作成播客节目。一举成为首个在美国排行榜上排名第一的澳大利亚播客节目，全球范围内创下2500万下载量的纪录，被誉为"全球最火播客"。一位播客公司（Bitesz）的创办人休指出，目前播客节目的赢利方式主要集中在三个渠道，一是在节目的开始、结尾和中间插入广告，根据点赞数和收听量划分不同等级来定广告价格，实现广告植入商业化运作；二是实行付费订阅制度，部分内容只有付费才能听到，也有在社交媒体平台运营付费用户群，对付费用户定向开放播客内容；三是销售播客节目相关的周边产品。①

（四）社交商务趋势越发显著

澳大利亚有71%的人口是活跃的社交媒体用户，社交媒体用户量增速（4.3%）高于互联网使用人数增速（1.2%）。② 截至2019年3月，罗伊摩根研究公司（Roy Morgan）调查显示，Facebook 和 YouTube 是澳大利亚人最常用的社交网络和在线社区，但近年来主要基于图片分享的 Instagram 和 Pinterest 社交平台发展迅速。

乘着社交媒体火爆的东风，"社交＋商务"的移动媒体经济模式在澳大利亚迎来了新机遇。据2019年澳大利亚 PayPal 移动商务指数显示，几乎

---

① 张凡：《澳大利亚的新媒体落后了吗？——赴澳报业新媒体运作培训班学习心得》，《中国记者》，2019年第2期。

② Datareportal："Digital 2020：Australia"，2020-2-13，https：//datareportal.com/reports/digital-2020-australia.

五分之一的受访企业目前都通过社交平台的渠道进行销售，同比增长38%（2018年为13%）。此外，有21%的企业表示他们计划在未来6个月通过社交媒体拓展销售。

另外，澳大利亚用户普遍对社交商务的接受程度高于商业。调查显示，27%的消费者在近6个月内通过社交媒体购物，同比增长42%（2018年同比增长19%）。PayPal澳大利亚相关负责人Libby Roy指出，当下社交媒体与电商之间的界限越来越模糊，通过社交渠道购物的销售量取得了迅猛的增长。尤其年轻人对社交商务的接受度较高，有38%的Z世代（指1995—2009年出生的一代人）社交消费者每周通过社交媒体渠道消费至少一次，几乎是普通社交消费者（21%）的两倍，[①] 这也促使社交商务成为未来五年网络商务的大趋势。

二、移动传播对个人及社会的影响

近年来移动网络在澳大利亚迅速铺开。截至2020年1月，澳大利亚的移动连接设备达到3200万个，移动连接设备的数量相当于总人口的130%，[②] 接近饱和。在如此密集的网络互联下，移动传播的高覆盖率、娱乐化、社交互动性强的特点，既给人们带来了随时随地上网的便捷，也无形中给用户及社会带来了一定的隐患。

（一）移动用户低龄化，危害未成年人身心健康

澳大利亚移动网络渗透率不断走高的同时，逐渐表现出低龄化的特征。墨尔本皇家儿童医院的一项调查显示，三分之一的学龄前儿童和三分

---

① Afndaily：《澳大利亚38%电商销售额主要通过社媒渠道实现》，2019年10月30日，https://afndaily.com/54692。

② Datareportal："Digital 2020: Australia"，2020-2-13，https://datareportal.com/reports/digital-2020-australia.

之二的小学生群体都拥有智能手机或平板电脑，其中半数未成年人群在使用移动设备上网时都没有成年人的监管。青少年在家里使用移动设备的时间平均每周高达44小时，在各年龄段中使用时长最高。主持这项调查的儿科医生安森·罗德博士（Dr. Anthea Rhodes）指出，过度使用电子设备可能会引发未成年人的健康问题，具体表现为睡眠障碍、体重的异常增加、不善于社交和情绪不稳定等。

与此同时，移动传播给用户带来了鱼龙混杂的信息大熔炉。如果缺少成年人的监管和筛选，那么未成年人很有可能直接接触到部分包含色情暴力的灰色信息，不利于未成年人身心的健康成长。譬如，2012年9月，悉尼爆发穆斯林抗议游行，几名澳大利亚士兵上传其手持枪械的照片至Facebook平台，并使用暴力和反伊斯兰的语言批判此次游行，一定程度上损害了军队纪律和军人形象；2019年3月，新西兰克赖斯特彻奇市恐怖袭击期间，一名奉行白人至上主义的澳大利亚男子射杀当地两座清真寺的教众，并通过Facebook直播自己在一座清真寺内行凶的过程，持续时间长达17分钟，对移动传播环境造成了极其恶劣的影响。

移动技术的迅猛发展为全球范围内的信息交流创造了广阔平台，这条信息传输快道既带来分享，也带来风险。随着澳大利亚移动用户人群低龄化，"言论自由"包装下海量移动传播信息也可能成为用户的"毒药"，这也迫使政府及相关部门加快推进对网络信息的审核制度。

（二）用户个人信息泄露，削弱社会媒介信任度

在社交商务的快速发展下，澳大利亚使用线上付款的用户占人口比重约68%，在全球处于较高水平。享受线上支付便捷的同时，用户的个人信息安全也成为人们使用移动设备时最忧虑的问题。调查显示，80%受访者认为政府应强制移动媒体及网站在维护及使用用户个人数据方面提高透明

度。尽管澳大利亚人经常使用社交媒体，但社交媒体在当地人的形象中并不算好，有47%的受访者表示自己不相信社交媒体。有趣的是，虽然用户担心个人数据可能会被滥用，包括身份信息、照片、联系电话、移动网络浏览记录、网购记录等个人信息，但只有5%~10%的澳大利亚人认为自己能够"完全理解"APPle、Twitter、Facebook、Snapchat和Google等公司具体是如何使用和分享他们的个人数据的。超过90%的澳大利亚人要么"不确定"，要么只是"稍微理解"应用程序如何使用和共享他们的数据。[1]这意味着澳大利亚人对社交媒体及技术公司可能会侵犯并使用个人信息感到担忧，并不代表他们能够完全理解这些公司是如何使用和共享他们的数据。

这种移动媒体不公开与用户自身的不自知，长期的双向不透明使得澳大利亚对于维护个人信息安全处于一片混沌的状态。而这种不清晰、不明朗的网络环境会大大削弱社会媒介的可信度，从而影响到澳大利亚数字经贸等其他领域的合作，抑制移动媒体的多元化发展。

三、未来发展趋势展望

澳大利亚移动传播的发展固然面临着诸多困难，但也应看到全球技术变革浪潮下的新机遇。在传统媒体集团与澳政府合力协同下，要顺应移动传播的发展，则需从技术创新和环境治理中寻找新的发力点。

（一）以技术创新升级优质新闻，坚持内容为王

全球5G网络技术的推进为移动传播的发展提供了空间。5G技术不仅是通信技术的升级，更是支撑各行各业快速成长的新力量。预计到2022

---

① Roymorgan:《超过90%的澳大利亚人不了解应用如何使用他们的数据》，2018年8月16日，http://www.199it.com/archives/758035.html。

年，互联网视频将占互联网全部业务流量的82%，VR、AR流量将增长12倍，互联网视频监视流量将增长7倍。[①] 移动传播时代，澳大利亚想要激发自身传统纸媒优质资源的活力，就势必需要通过技术创新，丰富新闻内容的呈现方式和传播渠道，坚持内容为王，探索除了付费墙之外更具强吸引力的内容，挖掘移动用户所稀缺的优质内容。

沉浸式新闻，是指一种能让观众获得新闻故事中描述的事件或情形的第一人称体验（First-person Experience）的新闻生产形式。最早是由诺尼·德拉佩拉（Nonny de La Peña）提出了沉浸式新闻的想法，并制作了业界公认的第一部VR新闻纪录片《饥饿洛杉矶》（*Hunger in Los Angles*）。她指出："沉浸式新闻的基本思想是允许参与者（通常以数字化身的形式）进入新闻故事的虚拟场景。"简而言之，运用VR技术，用户能够还原新闻现场第一线的实时场景，其视角能够覆盖360度全景，以最大限度减少传统新闻报道过程中不可避免的"信息衰减"。近年来，澳联社就在积极探索运用人工智能和可视化，为用户带来未来沉浸式新闻（Immersive Journalism）体验。澳大利亚的传统杂志《选择》（澳洲消费者联盟杂志）拥有68年历史，他们也在不断尝试沉浸式新闻，基础内容就包括在移动端借助VR增强现实功能，来看鸡孵化鸡蛋生出小鸡的过程。

然而，受限于澳大利亚当地网速较慢，移动视频的内容红利尚没有被全面激发，想要实现优质内容的升级离不开先进技术的支持。澳大利亚政府计划加大构建通信基础设施的措施，大力推动5G无线通信技术的发展。但是近日，澳大利亚政府颁布抵制华为5G的政策，叠加澳大利亚内多地出现抗议者反对运营商推出5G服务的示威游行，为澳大利亚的5G网络建

---

① Cisco Annual Internet Report（2018—2023）White Paper，2020-3-9，https：//www.cisco.com/c/en/us/solutions/collateral/executive-perspectives/annual-internet-report/white-paper-c11-741490.html.

设徒增了不确定性。

（二）以制度规范优化网络生态，坚持秩序为先

"信息安全"不仅有内容安全，还体现在隐私安全，而两者都需要制度来维护秩序。2018年，澳大利亚工业、创新与科学部发布了题为《澳大利亚技术未来——实现强大、安全和包容的数字经济》的战略报告，提出要在人力资本、服务、数字资产和营造有利环境四个领域采取措施，旨在保护澳民众和企业的信息安全，从而提振澳大利亚的网络安全声誉，推动澳大利亚移动传播及数字经济的发展。但至今澳大利亚政府尚未公开一份可靠且有效的改进方案。

新西兰清真寺枪击案发生后，澳大利亚政府引以为戒，主动清除互联网灰色内容。2019年4月，澳大利亚通过了一项政府提交的法案，认定一旦社交媒体平台放任用户"直播"暴力画面则构成犯罪，该社交媒体的企业主管可能会面临牢狱之灾和高额罚款。根据这项法案，无论移动账号注册地在哪里，只要社交媒体平台没有及时删除"令人厌恶的暴力内容"，那么则视为触犯澳大利亚刑法，可判处3年监禁再加1050万澳元（约合750万美元）或相当于企业年营业额10%的罚款。通过制定相关法律条例，以期规范移动网络秩序。这是开始优化网络生态，营造安全有序的媒介环境的第一步，但是在"言论自由"的大环境下，政府对媒体和互联网公司的内容管控只会越发艰难。

5G高速度、低延时的技术创新将引领人们进入万物皆终端、万物皆媒介的时代。这不仅打破了传统媒介的时空界限，也给个人和社会带来了深刻的影响。对澳大利亚而言，尽管是发达国家，但根深蒂固的纸媒传统使其在移动互联网的发展上较为滞后。基于此，澳大利亚移动传播的发展呈现出了截然不同的特征。但同时，移动传播覆盖率高、传统媒体内容属性

强、社交互动性强的特点也给个人和社会带来了一定的隐患，诸如低龄用户的增多对移动媒体内容提出了新的要求，用户个人信息的泄露削弱了社会媒介的可信度等问题。澳大利亚未来传统纸媒将借助技术创新强化优质内容的数字化转型，政府也通过制定相关法律条例保障用户信息安全，优化数字环境，但5G网络能否顺利铺开、当地用户能否转变传统的媒介使用习惯、澳政府如何平衡网络自由与监管都将影响澳大利亚移动传播发展的进程。

第五节 韩国移动传播发展现状、特点及趋势

2020年5月，据韩国科学与信息通信技术部所发布的韩国5G报告显示，截至4月2日韩国5G用户总数达到了577万，仅次于中国，但韩国5G普及率高达9.67%，位列全球第一。2019年韩国三大运营商的资本开支达到了8.08万亿韩元，同比增长60%，约合469亿元人民币。韩国较完备的网络基础设施建设和政府5G+战略部署的政策契机，共同推动了韩国社会的数字化进程，从而实现了韩国移动传播的高速发展。

一、韩国移动传播的发展状况

美国网速测试统计公司Ookla发布的报告显示，韩国凭借全球首个5G商用的优势，以每秒76.72兆的下载速度位列全球第一。较为完善的网络基建和较高的互联网商业化水平为韩国移动传播提供了良好的发展环境，也促使韩国移动传播得以快速发展。

（一）互联网巨头本土特征显著，垄断地位面临挑战

在移动互联网领域，本土互联网公司有着较大话语权。Naver、Daum

及 Nate 为首的本土公司占主导地位，广泛布局包括搜索引擎、即时通信、线上购物、金融及电视游戏、生活出行等在内的诸多领域。作为韩国国内最大的门户网站，Naver 以占比 65% 垄断搜索引擎行业，大部分媒体选择与 Naver 合作，以期寻求新闻曝光度和阅读量，用户可在其移动客户端首页选择订阅媒体机构，实际上起到新闻聚合平台的作用。在 SNS 行业，Daum 旗下的 Kakao Story 和 Kakao Talk，用户覆盖率最高，其次是 Naver 旗下的 Line、Band 和 Naver Cafe 等 [1]。在移动支付方面，交易量最大的当属本土巨头三星公司的 SamsungPay，截至 2018 年 10 月，累计交易量超 336.8 亿美元，Naver 集团的 NaverPay 用户总量超过 2600 万，业界预估其月交易量达到 7.9717 亿美元；即时通信领军企业 Kaokao 集团的 KakaoPay 同期月交易量超过 20.4 亿美元，吸引了阿里巴巴旗下蚂蚁金服集团的投资。

但近年来，以 YouTube、Google、Twitter 为代表的跨国公司逐步占领韩国市场，对原有市场格局造成冲击。YouTube 进驻韩国 10 年即成为视频行业领导者，Google 不断扩张与 Naver 分羹搜索引擎市场，Kakao Story 市场份额不敌 Facebook，Twitter 在韩国 SNS 市场位列第一 [2]，Instagram 受到韩国年轻人追捧，在短视频领域中抖音海外版 Tiktok 为应用商店搜索第一名。在全球互联网发展浪潮的裹挟之下，本土企业全球竞争力相对不足，跨国企业冲击巨大。此外，韩国电信数字媒体实验室 Nasmedia 的调查报告显示，YouTube 的影响力不仅仅在于视频内容服务，60% 的韩国互联网用户在搜索信息时倾向于使用 YouTube，尤其是在年轻一代中较受欢迎。在视频时代，YouTube 作为信息搜索的竞争力将会增强，势必影响 Naver 在互

---

[1]　Linkfluence, "Explained: The Unique Case of Korean Social Media", Joei Chan, https://www.link fluence.com/blog/the-unique-case-of-korean-social-media.

[2]　이데일리：인스타, 국내 SNS 중 최고 성장세…페북, 여전히 1위. https://www.edaily.co.kr/news/read?newsId=01479286622520736.

联网搜索市场的份额。

表4-1　路透社2019：韩国社交网络市场份额

排名	品牌	获取新闻资讯	其他目的
1	YouTube	38%（+7）	68%
2	Kakao Talk	28%（−11）	72%
3	Facebook	22%（−3）	47%
4	Instagram	8%（+1）	31%
5	Twitter	7%（−1）	19%
6	Kakao Story	7%（−5）	30%

（二）个人媒体成创新引擎，带动 MCN 产业迅速成熟

个人媒体已经被认为是媒体行业可持续增长的"创新引擎"，超越了破土生存的阶段，依靠单人的力量也能够生产高质量的内容，主流媒体市场和子市场之间的界限逐渐模糊。2018年1月，韩国综合性的《广播电视法》将"个人媒体"界定互联网广播内容提供商，纳入法律监管的框架之下，从法律层面承认了这一主体。受益于个人媒体的崛起，MCN 产业链逐步成熟，作为内容生产者和视频网站之间的中介，通过对个人媒体进行资源整合、改造包装，实现"1+1＞2"的传播效果。

自2017年底以来，业界将个人媒体内容融合于技术、平台、内容、制造和分发等各个领域，聚焦优质内容，被称为 MCN 2.0时代。相较 MCN 1.0时代，市场不断垂直细分，广告形态更为多样，包括捐赠打赏、广告植入、第三方购物链接导流等，出现数字工作室等新型产物，市场竞争更加激烈。从美妆、美食（吃播），再到明星、政治家直播等，广告市场已

经开始信任 MCN 公司的能力 [①]。Dia TV–Sandbox Network 和 Treasure Hunter 是韩国第一代 MCN 公司，垄断了"创造者管理"（Cieator Management）市场 [②]。目前韩国国内市场最受欢迎的是游戏和儿童领域，其次是时尚和音乐。电子竞技 MCN 公司 Enthusiast 在包括 YouTube 在内的多个在线平台上建立了自己的频道，每月观看次数超过 1.5 亿次，据预测，到 2020 年，电子竞技市场预计将增长到 10 亿美元 [③]。在 YouTube 平台上，以学习、生活为主题"With Me"系列 Vlog，凭借节奏轻快、画面清新、内容积极正面的优势，在全球范围内受到热捧，涌现出一大批较高粉丝量的个人媒体。但目前而言 MCN 行业面临的挑战是发现新的收入模式 [④]。

（三）跨国巨头冲击国内市场，OTT 市场走向整合

OTT（Over The Top）串流影音平台指的是依托开放式的对外网络，利用互联网搭载多媒体影音内容的平台。2018 年在韩国互联网行业被称作"视频年"，相当比例的韩国用户被视频所吸引。[⑤] 网络指标公司 Koreanclick. com 数据显示，截至 2018 年 7 月，YouTube 移动应用用户平均花费 1094 分钟，而 Naver 应用用户花费 700 分钟。OTT 市场呈现上升趋势，韩国信息

[①] 한국방송통신전파진흥원：전문가 리포트·MCN 이 미디어 산업에 가져온 '파괴적 혁신'. https://portal.kocca.kr/portal/bbs/view/B0000204/1936254. do?useAt=&menuNo=20 0372&categorys=4&subcate=62&cateCode=0&option1=&option2 =&categoryCOM062=&delCode=0&qtp=&searchGenre=#

[②] 同①。

[③] PwC: Global Entertainment & Media Outlook 2019–2023. https://www.pwc.com/kr/ko/ publications/research–paper/global–enm–outlook_2019–2023.html.

[④] 한국엠씨엔협회：2018 년 상반기 MCN 산업 동향. 2018 미디어 산업 보고서 시즌 2. 김청용 매니저, http://www.kmcna.or.kr/v2/support3.html?bid=data&bno=4&act=hitfile &fileno=1

[⑤] DMC Report：2018 인터넷 동영상 시청 행태와 뷰어 그룹 및 Multi–Screen 이 용 행태 분석 보고서_요약본. http://www.digieco.co.kr/KTFront/board/board_view. action?board _seq=12162&board_id=issue_trend

和电信政策研究所的《2016年广播市场竞争力评估报告》表明，韩国国内OTT规模同比增长53.7%至4880亿韩元，用户数量实现显著增长。

全球行业巨头的进驻加剧行业竞争，刺激了韩国市场的快速发展，也促使了本土企业资源整合。在订阅型OTT使用方面，国内运营商占有较高的市场份额，SKT的"玉米"（Oksusu）为2.78亿，占比最大，其次是LG U+。Netflix主打优质原创内容，2016年进军韩国市场后，4个月内即获得了153万付费用户，3年时间销售额就增长了10倍以上，仅用户付费一项收益超过200亿韩元[①]。拥有包括Pixar、Marvel、Lucasfilm和21st Century Fox经营权的Disney公司，近期收购了美国市场第二大OTT公司Hulu后，也计划从2020年进入韩国市场。

为应对这一冲击，具有OTT业务能力的本地运营商之间建立联盟战线，以便能够在OTT市场快速变化的国内媒体环境中与全球媒体运营商竞争。SK Telecom（旗下有Oksusu及POOQ）联合三家地面广播公司KBS、SBS和MBC签署谅解备忘录，由三家广播公司联合资助运营POOQ服务的内容联盟平台，以及Oksusu的综合业务，整合资源借以推出综合子公司。这种由地面广播公司建立和领导的国内广播公司提供新平台，来应对Netflix和YouTube等全球OTT运营商的方式，确保了以电信公司和巨型门户网站为中心的国内环境中OTT项目的优势地位。[②]也有本土企业采取合作的方式来应对冲击，2018年5月LG U+与Netflix达成独家国内联盟，2018年LG U+ IPTV业务的销售额达到了约900亿韩元，在三家移动运营商

---

① M-economynews：이제는 'OTT의 시대. 문장원. http://www.m-economynews.com/news/article.html?no=24556.

② 한국방송통신전파진흥원：박종진. 지상파방송사스마트미디어전략의성과와전망. https://portal.kocca.kr/portal/bbs/view/B0000204/1929860.do?useAt=&menuNo=200374&categorys=4&subcate=64&cateCode=0&option1=&option2=&categoryCOM062=&delCode=&qtp=#.

中增长最多。

（四）老年群体中智能设备普及率较高，移动传播推动养老服务创新发展

在"高龄社会"背景之下，韩国政府重视在中老年群体中移动设备的普及和应用。韩国盖洛普（Korea Gallup）数据显示，年龄在50~59岁之间和60~69岁之间智能手机的使用率分别为96%和77%。韩国老年人主要内容供应商扩大了面向老年人的文化资讯制作，帮助老年人逐步熟悉数字化、智能化应用，老年人内容消费市场发展趋势见图4-1。此外，配套科普服务健全，韩国新闻基金会（KPF）制定并推出了"白银一代媒体素养实践手册"，韩国传播委员会下的观众媒体基金会制作"生命周期媒体信息素养"教科书，为老年人准备媒体教育。

移动传播推动养老服务逐步趋向智能化发展。韩国政府、企业以及老年人福利基金为老人配备智能设备，包括可语音操控的智能音箱，具备定位功能的智能手表，实时测量老年人血压。一款名为"智能安心机"的智能手机能够一键连接照顾老人的看护员和119救助电话，搭载复合传感器，帮助社区养老机构实时监测老人的身体状况。基于物联网技术，手机可以实时测定屋内的温度、湿度，感知屋内老人的活动迹象，确保独居老年人生命安全。

老年消费者人口变化（单位：万名）　　　　老年产业市场规模（单位：万亿韩元）

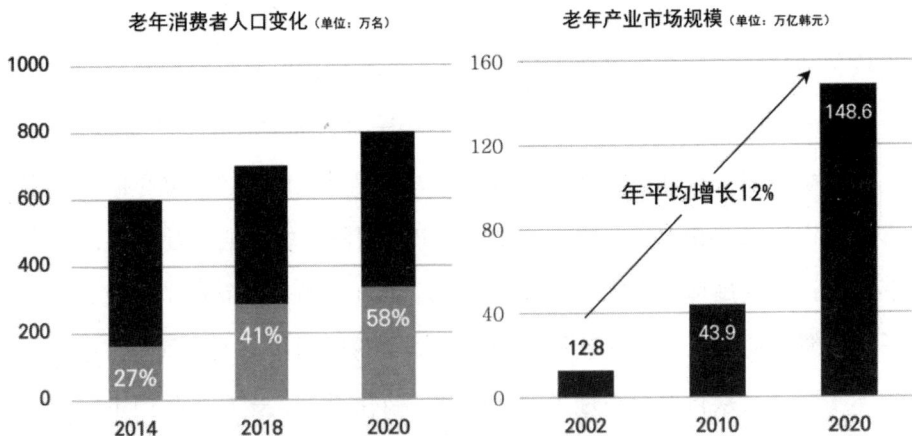

图4-1　老年人内容消费市场发展趋势

（五）社交媒体的大型抗争推动政治格局变化

当前，带有政治目的性的社交媒体操纵越发普遍，[①] 活跃在社交媒体上的韩国政客不在少数。越来越多政客认识到移动传播在政治形象塑造上的重要作用，争取年轻一代群体的政治支持，不仅活跃在推特、脸书等社交媒体上，还利用视频及直播平台筹措政治献金。移动传播创新公众政治参与方式，在线分享政治新闻、线下参与政治讨论、投票等，畅通民意表达途径，加强政府与公众间的沟通对话，推动政治格局的改变。但同时，这种政治参与的增加也会导致用户形成更为两极分化的政治态度[②]。

在"政府3.0时代"政策背景，以及国内移动传播高普及率的环境基础之下，韩国政府不断将社交媒体应用到政治传播中。韩国国家情报院操纵网络舆论的行为被称作"政治性的伪草根营销"，即通过某些手段将社

---

① 美通社：《韩国媒体产业的五大现状》，2017年1月19日，https://www.prnasia.com/blog/archives/19892。

② Does Social Media Use Really Make People Politically Polarized? Direct and Indirect Effects of Social Media Use on Political Polarization in South Korea. Telematics and Informatics. Changjun Lee，Jieun Shin，Ahreum Hong.

交媒体上的消息来源伪装成草根运动，实际旨在改变公众对朝鲜等问题的看法，或影响某些政治候选人的支持情况。韩国国家情报院拥有超过1000个Twitter账户，制造了132154条推文利用民意为选举造势。

移动传播发挥社会动员作用最为显著的是韩国前总统朴槿惠的弹劾事件。该丑闻最早由有限电视台JTBC爆出，网民及媒体通过社交媒体平台热烈讨论、发掘真相，JTBC的Facebook、Twitter账号发布的消息收到大量评论点赞，明星艺人表达政治立场更带动了粉丝群体加入抗争。通过社交媒体平台，民众自发组织烛光示威活动，首次百万人聚在光华门举行抗议游行的当天，在Facebook上出现公众对新闻报道的关注程度峰值，最后使社交媒体深度卷入传播该事件。

二、韩国移动传播存在问题

近年来，随着在线新闻和视频行业的高速发展，韩国移动传播领域存在的问题也在逐步显现，主要体现在民众对新闻不信任、内容付费市场反响不佳、内容市场良莠不齐、公众隐私遭侵犯等方面。

（一）假新闻泛滥，媒体信任度低

在线新闻带来资讯获取便捷性的同时，也出现新闻准确度低的问题，引发了媒体业的"信任危机"。据韩国出版基金会数据显示，84%的韩国民众使用网络作为新闻资源，在获取方式上，70%的人通过互联网上的门户网站获取新闻，仅有少部分人选择专门的新闻媒体网站。据路透社《2019年数字新闻调查报告》（*Reuters Institute Digital News*）显示，超过半数（59%）的受访者对虚假新闻和虚假信息的担忧正在上升，关注点主要集中在YouTube上政治极端观点的分发上，只有不到四分之一（22%）的受访者认为在大多数情况下可以相信新闻，在受访的38个国家中排名最末位①。尤其是2014年"世越号"渡轮沉没事件和2015年中东呼吸综合征暴发的错误信息，严重损害了民众对新闻媒体的信任。

（二）消费者付费意愿低，内容付费市场屡屡碰壁

对新闻提供者的普遍不信任也是对优质付费墙的阻碍②。门户网站获取新闻资讯较为便捷，韩国民众相当程度上依赖以 Naver 为首门户网站免费阅读新闻，少有通过特定的新闻渠道阅读新闻，新闻网站受众忠诚度低。加之新闻机构收费价格相对高昂，在用户"免费思维"的桎梏下，付费墙推进屡遭失败。根据 KPF 调查，78.4% 的受访者表示他们每月的新闻内容不能超过10000韩元，但是大多数韩国新闻提供商每月收费超过10000韩元，比如，《每日商报》和《韩国经济日报》的优质内容订阅量为每月15000韩元。韩国发行量最大的日报《朝鲜日报》于2013年推出了付费新闻业务，目前已撤回计划收费。

（三）法律监管引发争议，隐私漏洞成公众痛点

当前原创内容领域面临着刺激性、色情内容制作及过度营销的威胁③，韩国当局出台《广播电视法》加强视频行业监管，但也有各界人士认为这制约了创作自由，引发广泛争议。当前，隐私漏洞已成为公众痛点，大数据背景下的隐私问题引发公众质疑。例如，2018年韩国爆款图像类社交软件 ZEPETO 曾涉嫌窃听，Kakao Talk 对云计算的使用和利用收集个人信息的方式遭到争议。2014年，韩国工党副主席郑金佑公开指责检方直接获取

① 2019 Digital News Report of South Korea. Reuters Institute, University of Oxford, Korea Press Foundation. Sonho Kim. http://www.digitalnewsreport.org/survey/2019/south-korea-2019/.

② The Korean Times: News providers struggling with paywall service. www.koreatimes.co.kr/www/news/tech/2015/11/129_189801.html

③ 2019년 방송·미디어 콘텐츠 산업 10대 이슈 전망. 한국방송통신전파진흥원. Korea Communication Agency. 2019 KCA Media Issue & Trend.

其在 Kakao Talk 上的私人通信，Kakao Talk 首席执行官 Sirgoo Lee 最终承认事情属实，这显然违反了公民在韩国《个人信息保护法》下的权利，尽管首席执行官迅速向公众道歉，仍引起了全国性的民众愤怒。

三、未来发展趋势展望

随着全球数字化、移动化、信息化不断发展，AI 和 5G 技术的应用落地，展望未来韩国移动传播市场，移动视频业还将保持高速发展，短视频仍然是受用户欢迎的视频业务形态，并将带动移动广告业的快速增长。国内互联网企业与跨国公司之间的竞争愈加激烈，创新转型和竞争合作将成为主题。此外，在国际环境严峻的压力之下，韩国政府也将加强网络数据安全，着力应对外界威胁。

（一）视频行业向好发展，移动广告持续强劲增长

视频应用发展的强劲趋势还将继续延续。由于受到 Z 世代的青睐，视频消费在数字行业的激烈竞争中具有优势，面向未来的"视频优先"战略将行之有效。针对视频行业现状，韩国政府积极颁布有关法规，将有效管控视频内容市场，实现规范化、健康化发展。在形式内容上，短视频将从简单编辑逐步向具有叙事结构的高质量内容演变，例如注重参与感和舒适感的"With Me"系列 Vlog。在市场竞争上，为应对 YouTube 的巨大冲击，Naver、Kakao M 和 Afreeca TV 等国内平台都在尝试对策进行创新①，未来还将继续与地面广播公司共同创新发展视频业务，争夺行业龙头位置。在 OTT 方面，通过对内整合与对外合作，韩国本土企业和海外企业联手扩充

---

① 한국방송통신전파진흥원: 국내 플랫폼의 유튜브 대응 전략: 네이버, 카카오 M, 아프리카 TV 를 중심으로. https://portal.kocca.kr/portal/bbs/view/B0000204/1937140. do?useAt =&menuNo=200372&categorys=4&subcate=62&cateCode=0&option1=&option2 =&categoryCOM062=&delCode=&qtp=.

OTT 市场，不断增加优质内容输出。此外，韩国三大运营商都对 IPTV 展现了极大的兴趣，将给视频行业的发展带来雄厚的资金支持。

与传统地面广告市场的疲软萎缩形成对比，韩国移动广告市场呈现持续成长趋势，逐步成为主流。2019 年 2 月，据韩国文化体育旅游部报告称，与移动广告的强劲增长相反，非移动在线广告缩减了 2%，这表明市场正朝着流动性大的广告环境转变[①]。Cheil Worldwide 预测移动广告前景乐观，移动广告市场将增长 5.7%，达到整体广告行业 12.36 万亿韩元的市场规模[②]。随着个人媒体的进一步发展，以内容推荐服务为代表的个性化广告服务之间的联系将更为紧密[③]，算法技术赋能精准投放广告，优化用户体验，与用户之间的互动性不断增强，以 TikTok 为代表的短视频电商逐步发展，盈利模式将趋向多元化，个人媒体与 MCN 公司的收益分成也更为规范。此外，5G 技术的应用解决与广告投放、有效性测量相关的技术问题，展望广告市场将继续增长，其中娱乐和游戏市场的增长最为突出。

（二）借力 5G 先机，移动传播实现智能化发展

移动宽带技术的每一次迭代都推动了新型服务和商业模式出现，5G 技术的商用也将促进当前移动媒体市场的整体增长。对此韩国政府高度重视，制定"5G+"战略，将下一代智能手机、机器人和无人机等作为 5G 战略行业[④]。在移动传播领域，5G 的低时延与高速率给视音频传输提供技术

①　Shutterstock blog："2019년 비디오 마케팅 트렌드". https://www.shutterstock.com/ko/blog/2019-video-marketing-trends-report/

②　The Korea Herald: In South Korea, digital advertising revenue tops $3.55 billion, surpasses broadcast ads. https://elevenmyanmar.com/news/in-south-korea-digital-advertising-revenue-tops-355-billion-surpasses-broadcast-ads

③　PwC: Global Entertainment & Media Outlook 2019–2023. https://www.pwc.com/kr/ko/publications/research-paper/global-enm-outlook_2019-2023.html.

④　Digital Today: 정부, '5G 플러스' 공개…2026년 5G 서비스 생산액 180조원·일자리 60만 개. http://www.digitaltoday.co.kr/news/articleView.html?idxno=209031.

基础和新的发展机遇，不仅能提升媒体内容质量，还将扩大媒体市场不同领域的使用范围，推动各类传播平台的涌现、运营商竞争规则的变化。韩国移动运营商关注媒体和内容及其扩展业务，将重点放在与VR相关的业务上[①]。搭载5G商用的技术优势，基于增强现实/虚拟现实（AR/VR）技术，沉浸式媒体的发展将增加媒体消费时间，沉浸式内容的销售额进一步提升，移动收入实现多元化[②]。同时，政府也在加强智能媒体扶持力度。2019年，韩国政府向智能媒体领域的中小企业和风险投资公司提供高达10亿韩元的资金，扶持包括OTT、个人和社交媒体、数字标牌、IoM、虚拟现实媒体和现实媒体在内的智能媒体服务[③]。

（三）大力发展本土企业，注重加强国家网络安全

2019年度《全球互联网趋势报告》评选全球30大互联网公司名单中，韩国企业未占一席，在中美为主的互联网企业快速成长的竞争环境下，尤其是受到以Google、Twitter和YouTube为主的全球互联网巨头的强大冲击，韩国本土企业的全球竞争力相对不足。业界广泛呼吁韩国政府出台保护性政策扶持本国企业，监管机构预计将专注于保护本地内容市场和国内媒体公司，以便与具有资金和内容竞争力的全球平台竞争[④]。在网络安全方面，由于韩朝、韩日关系紧张，韩国遭受的网络安全威胁空前。2019年4月，韩国青瓦台国家安全室出台《国家网络安全战略》，保护国

---

① 이동통신사업자의 5G 콘텐츠 서비스 동향 . 트렌드 리포트 01. KCA Monthly Trends _ Media Issue & Trend. 2019.01.
② 한국방송통신전파진흥원 : 이동통신사업자의 5G 콘텐츠 서비스 동향 . https:// www.kocca.kr/cop/bbs/view/B0158950/1843424.do#
③ It Chosun : 과기정통부, 스마트미디어 중소·벤처에 최대 10억 지원 . http:// it.chosun.com/site/data/html_dir/2019/03/17/2019031700739.html.
④ 한국방송통신전파진흥원 :TV 및 영상 시장의 미래 지형 변화4대 시나리오. https://www.techforum.co.kr/bbs/report/105357.

家网络安全和公民隐私,培育网络安全人员和发展相关行业。政府还将制定并实施国家网络安全基本计划和国家网络安全实施计划,进一步提高国家网络安全水平^①。

① 朝鲜日报:국가안보실:국가 사이버안보 전략. 2019 년 4 월. https://www1.president.go.kr/NationalSecurity.

第五章

移动传播发展趋势展望

第一节　移动传播的新图景

近十年来，在"移动优先"理念的驱动下，"互联网＋"为传统新闻媒体向新媒体的融合转型提供了创新模式，人工智能领域的发展不断改进新闻媒体获取、生产和分发内容的方式，移动终端设备的迭代升级也在悄然改变用户的媒体消费习惯。

2019年6月发布的《中国移动互联网发展报告（2019）》中指出，截至2018年底，移动电话用户已达15.7亿户，手机上网流量占总流量的98.7%。[①]移动网络以全员渗透之势，使信息在移动终端的传播几乎占据了所有流量。随着移动网络在社会各个层面的影响，移动传播也呈现出新的发展态势和图景。

一、全媒体传播生态的构建

在数据驱动下的全媒体时代，媒介间的边界在不断地演化融合中逐步消解，正在向一个全媒体的传播生态过渡，媒体融合随之进入纵深发展的关键阶段。

人民日报于2019年9月19日发布了人民日报APP 7.0版，新版本推出

---

① 人民网：《图解：〈中国移动互联网发展报告（2019）〉发布》，2019年6月24日，http://media.people.com.cn/n1/2019/0624/c120837-31177520.html。

的主流算法以质量把控、智能分发、精准反馈的特点，回归主流价值，解除算法焦虑。同时，人民日报 APP 的报纸版面阅读、AI 新闻播报、双语听新闻、市民问政等栏目的升级，使其真正做到全程、全息、全员、全效，信息传播无远弗届。人民日报 APP 的成功转型，为党媒平台的融合变革提供了新方案。

全媒体传播生态的构建，需要在现有媒体融合的成果上，向纵深方向不断发展，不仅需要全媒体传播的理念深入，更要通过技术以及人文关怀协同共创。

二、技术赋能助力智慧传播

需求催生技术，技术又改变需求，技术与人类需求的相互影响和作用，推动人类社会文明不断向前发展。近年来，媒体的智能化已渗透到人类生活的方方面面，"数字化生存"已成为人们的日常。

当前，以数据挖掘、深度学习、认知系统识别为特点的人工智能技术已应用于全球各大新闻机构。路透社的 Lynx Insight 程序可以帮助记者挖掘大数据，华盛顿邮报的 Heliograf 被用来报道选举和体育赛事，杜克大学记者实验室的 Claim Buster 可以帮助记者进行事实核查，新华社的 AI 合成主播"新小萌"则顺利完成了两会报道。人工智能在新闻媒体领域的应用，改变了媒体的内部机制和逻辑，推动"万物皆媒，人机合一，自我进化"[1]的进一步实现。

广泛应用于各媒体平台的算法推荐技术，利用数据红利，为用户提供了多场景、多维度的个性化服务，"智能+"为媒体产业转型升级赋予了新的动力，人工智能改变了信息的生产方式、人与信息的连接方式，推进了

---

[1]　彭兰:《智媒化:未来媒体浪潮——新媒体发展趋势报告（2016）》,《国际新闻界》,
　　　2016年第11期。

智慧媒体的建构。

三、视频行业创造传播神话

根据 Trustdata 平台于 2019 年 10 月发布的数据显示，短视频及综合视频用户渗透率以 74.4% 领跑移动互联网泛娱乐市场，用户规模首次突破 10 亿大关，[①] 视频行业的规模增长仍在继续。

从加拿大媒介学者戴里克·德·科克霍夫曾提出的"电脑空间"的三层次技术整合的理念[②] 来看，智能终端性能的提高、网速的大幅提升、人类与智能手机之间仿生性互动的增强，必然会创造视频行业的传播神话。

2019 年，央视主播康辉的首支 Vlog 走红网络，主题为跟随习近平主席出访希腊，视频发布仅三天播放量已超 3000 万，出访希腊系列的后续几支 Vlog 也受到了网友的广泛关注。其实，从《主播说联播》节目的爆红到康辉 Vlog 的圈粉，已经能看出央视在短视频领域发力的端倪，以新闻主播为第一视角的信息传播方式，不仅拉近了央媒与年轻用户之间的距离，还大大增强了新闻报道的效果。

面对越来越年轻的互联网用户，视频行业的发展前景也十分广阔。Quest Mobile 于 2018 年 12 月发布的《Z 世代洞察报告》显示，截至 2018 年 10 月，Z 世代用户突破 3.69 亿，增量占比远高于其他群体。在包含芒果 TV、人人视频、抖音、快手等在内的 8 个移动视频 APP 的月活用户中，Z 世代占比均超出 50%，其中最高为哔哩哔哩，Z 世代月活用户占比 81.4%。[③] 这就意味着，未来的移动媒体中，Z 世代将成为最大的消费群体。

[①]　199IT：《Trustdata：2019 年 1—9 月中国移动互联网行业分析报告》，2019 年 10 月 29 日，http：//www.199it.com/archives/958461.html。

[②]　美罗杰·菲德勒：《媒介形态变化：认识新媒介》，华夏出版社，2000 年版。

[③]　Quest Mobile：《Z 世代洞察报告》，2018 年 12 月 19 日，https：//www.Quest Mobile. com.cn/research/report-new/31。

视频行业正是符合了这部分群体的媒介偏好和用户需求，得以在移动互联网整体寒冬的态势下崛起成为现象级产业。

第二节　移动传播面临的新挑战

随着移动互联网进入下半场，新的媒体传播机制和逻辑应运而生。人工智能技术引发算法焦虑、用户数据泄露等问题，媒体融合发展也遭遇瓶颈，除此之外，对人文关怀的呼吁也越发强烈，移动传播发展面临巨大挑战。

一、人工智能引发伦理危机

自人工智能技术在新闻媒体应用伊始就受到广泛质疑，而这场创造与破坏并存的人工智能革命，仍然渗透到了社会生活的各个层面。

我们在看到人工合成媒体技术（Synthetic Media）创造出 AI 主播的同时，也应注意到深度伪造技术（Deep Fake）的危机。2019年，斯科尔科沃科技学院和三星 AI 中心的研究人员利用该技术让蒙娜丽莎摇了摇头。Facebook 上流传的马克·扎克伯格和美国众议院议长南希·佩洛西的假视频更是搅乱了美国政坛。

此外，文字内容的生产也存在弊端。人工智能存在偏见这一点已毋庸置疑，因为人工智能在进行学习和训练之初，所应用的数据库中就存在偏见，目前美国已知的数据库大多来自社交新闻站点 Reddit、亚马逊网站中的评论以及维基百科，众所周知，这些数据本身就存在大量的偏见。因此，随着人工智能越来越多地参与决策，以用户自己都未知的特性去将用户分类，将对用户本人的认知产生很大的负面影响。[①]

目前人工智能技术尚处于弱人工智能阶段，机器的学习与决策均通过人类的命令来实现。但麦克卢汉也曾预测，"我们正在迅速逼近人类延伸的最后一个阶段——从技术上模拟意识的阶段"，强人工智能才是人工智能发展的终极目标，即实现机器的自我意识。[②]未来人工智能的发展将会为信息的生产和传递带来更大的挑战，想要科技向善，务必呼吁理性价值的回归。

二、视频神话走向幻灭

作为2018年移动互联网市场中最炙手可热的行业，网络视频一出现，似乎就成就了一场声势浩大的公众参与假象。以抖音平台的运作模式为例，虽然内容的生产采用了个人化的分众传媒模式，但是分配的模式依然是大众传媒式的，也就是以分众传媒为手段达成内容投放最大规模化的大众传媒目的。[③]而从抖音最新发布的2020年春节的招商方案[④]来看，抖音平台策划了多个春节相关场景下的营销方案，KOL的视频将配合不同场景，达到广告品牌期望的宣传效果，"记录美好生活"的社交平台成为技术与资本联姻的场域。

视频平台为争夺最后的用户增长空间，瞄准了下沉市场最后的红利，尤其是在资本的作用下，忽视了消费主义、低俗化等负面内容给下沉用户

---

① The Future Today Institute："2020 Trend Report for Entertainment，Media & Technology"，2019，https：//futuretodayinstitute.com/2020emt-report/.

② 莫宏伟：《强人工智能与弱人工智能的伦理问题思考》，《科学与社会》，2018年第1期。

③ 张慧喆：《虚假的参与：论短视频文化"神话"的幻灭》，《现代传播》，2019年第9期。

④ 199IT：《2020春节抖音营销招商方案》，2019年11月5日，http：//www.199it.com/archives/960861.html。

价值观的重构带来的影响。当前视频市场中，花费较大资源力量生产的主流内容视频往往处于大众关注的边缘，而普通用户生产的社交类视频则能迅速成为热门焦点。这反映出，当前视频行业发展呈现单一性，而这种单向度的发展，显示出视频行业并没有实现新媒体技术出现之初被人们赋予的公众艺术生产、共建集体智慧等期待。

2019年9月，绿洲APP悄然开启内测，作为新浪微博的一款主打"清爽社交圈"的APP，绿洲目前仅以图片作为主信息流，界面简单，清新易操作。此举一出，带动了社交媒体由Vlog向Plog的转变。社交媒体与视频技术的融合，虽然尚未宣告失败，但经历了资本舵手和价值缺失的社交媒体，开始寄希望于简单易生产的图片形式。

三、媒体融合发展遇瓶颈

随着互联网，尤其是移动互联网的发展，传统媒体该如何应对变成了一个日益紧迫的挑战。自从2015年"互联网+"成为热词，可以看到传统媒体拥抱互联网的各种形式：政务新媒体频现、需求驱动下的算法应用、各平台广泛入驻等。

但媒体融合不应仅在于形式的改变，更要注重基因的融合。随着增量红利被存量创新取代，媒体融合发展也进入瓶颈期。媒体融合前期只着重连接端口的多样化，而在全媒体时代，媒介边界逐渐消弭，独立媒体的概念也几乎完全消失。例如，现在的新浪微博不仅需要与微信、陌陌等社交平台竞争，还要与哔哩哔哩、抖音等短视频平台竞争，这是由媒体多元化带来的必然结果。如此激烈的竞争环境给媒体融合带来了巨大的挑战。

此外，在头部媒体率先转型的同时，需要注意到县级媒体融合依然处于"相加"的物理阶段。资源、人才的缺乏，头部媒体的下沉，移动网络给用户带来的时空错觉等，都制约着县级媒体融合的发展。然而，面对庞大的下沉市场，县级媒体亟待借助央级、省级媒体的推广，整合优势资源，贴近用户需求，完善产品创新，抓紧最后的用户红利，从"相加"走向"相融"，更好地服务于下沉用户。

第三节　移动传播未来展望

一、从"互联网 +"到"互联网 ×"的深度融合

"'互联网 +'不是要颠覆传统行业，而是要通过与传统行业融合，产生'1+1＞2'的效果。如能实现这样的预期，那么便不再是简单的加法效应，而是一种乘法倍增。"[①] 这是阿里巴巴学术委员会主席曾鸣提出的"互联网 ×"的理念。这个理念带给媒体领域的启示是，简单地把纸质版或PC 版内容照搬到智能手机，这只是从形式上与移动网络相连，如不能生产出适应新媒体逻辑和用户新需求的内容，那么这样的转型只能说有了连接的"形"，但失去了数据的"魂"。

媒体融合的内核，绝不是简单的相连，而是连续的互动。这也正是由媒体的"社交化"属性决定的。因此，"互联网 +"并非简单的叠加，而是媒体产业的重构，这是互联网经济与数据时代升级的必然要求。从中央广播电视总台的建立到县级融媒体中心建设的开展，我国媒体融合的进程实现了从上至下的全面打通。[②] 而未来媒体融合的关键在"纵深"。

在经历了互联网上半场的用户争夺之后，传媒行业进入了内容深耕阶段。随着媒体平台选择的增多，渠道已不再是媒体融合的重要驱动力，用

---

① 曾鸣：《智能商业》，中信出版集团，2018年版。

② 黄楚新、王丹丹：《2018年中国媒体融合发展报告》，载《中国新媒体发展报告（2019）》，社会科学文献出版社，2019年版。

户的个性化需求也越来越显著，媒体与用户的关系将从信息的提供转为服务的提供，数据将成为媒体提升用户忠诚度的最佳手段。在未来，真正的化学式融合很难再以资本的力量去推动，应利用大数据技术，清楚描绘个人用户画像，掌握并预测用户的需求，多场景、多维度分析，为用户精准定制个性化服务。

天下之势，合以贯之。不管是从媒介进化的客观规律，还是从人类主观的延伸需求，传媒的融合发展是必然经历。从历史的照鉴来看，这个过程缓慢且充满了不确定。但随着传统媒体普遍进入内容深耕，新技术作为重要手段将发挥更大的作用。

二、技术赋能打造智慧媒体

以移动互联网与智能设备为基础的电子媒介打破了时空对传播的限制，是对传统口语传播的高层次回归，创造了传者、受者以及媒介三者空间移动的条件，为真正意义上的移动传播提供可能性。在此过程中，新技术既孕育了移动传播的诞生，也持续推动着移动传播在渠道、形态等领域的发展。

早期移动传播的出现主要以移动短信、手机报等为代表，传播形式、渠道等多方面均受到限制。在现如今的移动传播环境中，VR、大数据、云计算等技术被不断运用于信息制作与生产过程中，图文结合的动态 H5、短小精悍的视频、不间断的直播流都已经成为当前移动直播的主流形态。如《纽约时报》运用 VR 技术为用户提供浸入式的新闻报道，通过 360 度的视角呈现新闻事件的全貌，用户只需使用 VR 眼镜便可以实现在移动过程中获取高质量的现场感。同时，微信、微博、客户端等移动平台的完善与拓展，使不同传播主体得以在交互式的渠道中传播信息，用户接收信息的窗口范围也被进一步扩大。用户移动传播过程中的体验被不断提高。

在未来，新的传播技术与网络技术将进一步赋予移动传播在不同环节的新的传播可能性，更加人性化、智能化地满足用户的个性化信息需求与使用。

美国未来今日研究所（Future Today Institute）发布的《2020年娱乐、媒体和技术趋势报告》，其中指出，人工智能已经不再是一种趋势，而是计算机时代的第三纪元。在智能新闻业方面，瑞士最大的媒体集团Tamedia采用生成技术，在本国总统大选期间，用一个名为"Tobi"的决策树算法自动生成文章，对30家私人媒体报纸中报道的每个城市的投票结果进行了详细描述，并同时生成了多种语言的、总计39996个不同版本的选举报道，每篇平均250字，并将其发布到在线平台上。[①] 如此高效的新闻生产，决定人工智能技术被广泛应用。

在信息时代，技术的发展确实在提升生产力方面有着很大的作用，但未来媒体智能化的下一个重大进步不在技术，而在监管。众所周知，算法技术作为当前新媒体广泛运用的一项技术，其核心在于对数据的挖掘和利用，各媒体在品尝到数据利用的甜头后，似乎对此越来越痴迷。苹果系统在更新至iOS 13.2.2版本后，微信、头条、YouTube等资讯社交平台深陷"后台门"，苹果指出，这些APP频繁调用后台，最新系统一旦发现，则会立即关闭APP后台，虽然为用户频繁登录带来了不便，但也体现出媒体对于用户数据趋之若鹜。

近年来，技术大国相继出台法律法规，以期消除算法、人工智能技术引发的传播伦理问题，严格要求媒体平台将用户数据使用权交还用户。这一趋势可能会影响算法和人工智能技术下的信息生产和分发机制，倒逼技术的重构与升级。例如，针对当前泛滥的深度伪造技术，已有众多新闻媒

---

① The Future Today Institute: "2020 Trend Report for Entertainment, Media & Technology", 2019, https://futuretodayinstitute.com/2020emt-report/.

体应用人工智能技术进行内容核实，如 Facebook 的 Fact-checking；在数据保护方面，区块链技术的应用将重塑社群生态，有助于实现数据共享和隐私保护。[①]

因此，技术的问题将由技术本身来解决，未来技术将更好地应用于互联网治理的各个层面，以技术制约技术，打造更健康的智慧媒体生态。

三、视频行业亟待理性价值回归

当前视频产业的发展已进入提质增优阶段，但内容的价值缺失成了限制"后固屏时代"整个视频行业发展的痛点。随着抖音、新浪微博等 APP 开始对个人视频生产者进行扶持，广告资本逐渐入驻，导致视频内容价值遗失，显示出单一发展和消费主义倾向。

艾瑞咨询发布的《2018年中国短视频营销市场研究报告》指出，短视频以其制作周期短、成本低、信息承载量大、传播力强等特征，[②] 而颇具营销价值，因此吸引了众多广告品牌的市场争夺。然而，在内容视频化的大背景下，视频的艺术价值一旦被营销价值所取代，那么视频行业所带来的全民娱乐盛宴可能就要面临散场的危机。

新浪微博绿洲 APP 的上线，不一定能将主流传播方式从视频拉回到图片，但对于视频平台来说，这无疑是一大竞争。如何平衡视频内容的工具价值及理性价值，将成为未来平台及内容生产者最大的挑战。

四、内容与社交将成为移动传播的重要关切

虽然技术是移动传播发展过程中的必要因素，但随着用户对高质量传

---

① 陈端：《区块链与文化传媒产业变革暨2018—2019传媒投融资研究报告》，搜狐网，2018年7月24日，http：//www.sohu.com/a/243042354_644338。

② 艾瑞咨询：《2018年中国短视频营销市场研究报告》，2018年11月，https：//www.iresearch.com.cn/Detail/report?id=3302&isfree=0。

播内容的追求，优质内容的传播将成为未来移动传播布局的热点。早在移动传播出现伊始，学界与业界便对技术、渠道、内容等不同要素赋予了不同程度的重要标签。但伴随着新传播技术不断更新的传播形态与渠道被用户不断适应后，对于内容的要求也有所提升，尤其是在多元传播主体的大环境中，能否在海量信息资源中满足用户所需信息便成为获取用户的重要因素。为提高用户黏性，持续输出优质作品与内容便成为不同传播主体的竞争点。因此，在未来，优质内容也将继续成为移动传播主体的发力点。

与此同时，社交化已经成为当前移动传播的主要特点之一。无论是客户端的留言平台还是微信的群组聊天，社交网络化在当前移动传播具有普遍化趋势，其打破时空局限，拉近传者与受者之间的距离，展现了强大的黏合作用，布局社交领域也已经成为不少移动传播主体用于黏合用户的重要手段。在未来，社交将继续在移动传播领域表现出强大张力，使得移动传播区别于以往任何一种传播形态。

五、移动传播将与其他传播形式持续博弈

作为一种新型传媒形式，移动传播颠覆了原有的传播流程与状态，赋予了原有人际传播、大众传播等传播形式不同的含义。

通过互联网与社交媒体的发展，人际传播在移动传播环境中开始实现网络化，跨地域、跨时间等特点都赋予了传统"面对面"的人际传播新的意义。诸如微信、微博等社交媒体改变了原有的简单信息交流，成为一种信息聚合平台，不断钩织成为以个体为点的网络社会，其自身也演化为一种媒介形态。

移动传播的出现与快速发展也不断倒逼着大众传播的革新与演变，同时也为自媒体、内容生产者等传播主体提供了移动传播的条件与平台。以新媒体为代表的数字化媒体形式，不断对传统的大众传播渠道、形式、内

容与效果产生深远的影响，传统媒体积极布局移动传播领域已经成为一种趋势。国内人民日报、新华社等传统主流媒体相继推出微信公众号、官方微博账号以及移动客户端，并对重大新闻事件采取直播，用户随时随地便能在其官方平台接收信息。

但与此同时，移动传播在不断演化的过程中，也持续受到传统人际传播、大众传播等不同传播形式的影响，如其所具备的社交化便是为了满足人们对人际传播的需求。可以说，移动传播在与原有的传播形式相互博弈过程中，日渐继承传统传播形式的优势，并形成独有的发展特点。在未来，不同传播形式之间也将继续加深交互影响。

在移动传播的环境中，所有联网用户共同构成了基于移动互联网的网络社会，人与人之间可以凭借共同的兴趣重新建立新的社会关系，形成网络社群。"在云计算中，人与人之间，恢复了部落社会才有的湿乎乎的关系——充满人情、关注意义、回到现象、重视具体。"[①] 移动传播打破了时空限制的同时，也对原有的社会运行与人际关系产生了影响，其重新塑造了人际传播、群体传播、大众传播等形式，并借用社交、移动等要素形成具有高黏度且交错复杂的传播关系，搭建了"湿黏"的传播环境，增强人与人之间的联系。

---

① ［美］克莱·舍基著:《未来是湿的：无组织的组织力量》胡泳、沈满琳译，中国人民大学出版社，2009年版。

参考文献

著作类

［1］贾哲敏.移动政府：政务新媒体的传播图景与效果［M］.北京：人民出版社，2021.

［2］漆亚林.智能媒体发展报告（2019—2020）［M］.北京：中国社会科学出版社，2021.

［3］官建文.传统媒体移动化转型路径与策略［M］.北京：中国社会科学出版社，2021.

［4］中共中央宣传部干部局.新时代宣传思想工作［M］.北京：学习出版社，2020.

［5］唐绪军，黄楚新.新媒体蓝皮书：中国新媒体发展报告2020［M］.北京：社会科学文献出版社，2020.

［6］［美］理查德·塞勒·林.习以为常：手机传播的社会嵌入［M］.刘君，郑奕，译.上海：复旦大学出版社，2020.

［7］［美］南希·拜厄姆.交往在云端：数字时代的人际关系［M］.第2版.北京：中国人民大学出版社，2020.

［8］王佳航.智能传播环境下的新闻生产：基于连接的视角［M］.北京：中国广播电视出版社，2020.

［9］本书编写组.智能时代：媒体重塑［M］.北京：新华出版社，2020.

［10］王琛，刘楠.线上中国：移动时代的微信社区研究［M］.北京：

中国大百科全书出版社，2020.

［11］许志强，刘彤.共享与智能：信息技术视角下未来媒体发展趋势［M］.北京：科学出版社，2020.

［12］彭兰.新媒体用户研究：节点化、媒介化、赛博格化的人［M］.北京：中国人民大学出版社，2020.

［13］赖永强.分享力［M］.成都：四川人民出版社，2020.

［14］杜飞进.大变局：移动赋能价值传播［M］.北京：商务印书馆，2020.

［15］唐维红.移动互联网蓝皮书：中国移动互联网发展报告2020［M］.北京：社会科学文献出版社，2020.

［16］张聪.媒体融合与移动传播：产品、平台和用户［M］.北京：知识产权出版社，2020.

［17］梁智勇，朱春阳.移动互联网时代新闻传播发展趋势研究［M］.上海：复旦大学出版社，2020.

［18］高晓虹.中国新闻传播研究：移动传播创新［M］.北京：中国传媒大学出版社，2019.

［19］王晓红.新的诠释：网络视频传播范式及意义研究［M］.北京：高等教育出版社，2019.

［20］刘庆振，于进，牛新权.计算传播学：智能媒体时代的传播学研究新范式［M］.北京：人民日报出版社，2019.

［21］李沁.媒介化生存：沉浸传播的理论与实践［M］.北京：中国人民大学出版社，2019.

［22］［美］埃弗里特·丹尼斯，梅尔文·德弗.数字时代的媒介：连接传播、社会和文化［M］.北京：中国人民大学出版社，2019.

［23］程栋.智能时代新媒体概论［M］.北京：清华大学出版社，

2019.

　　［24］中共中央党史和文献研究院.论党的宣传思想工作［M］.北京：中央文献出版社，2018.

　　［25］黄楚新.新媒体：微传播与融媒发展［M］.北京：人民日报出版社，2018.

　　［26］黄河.移动互联时代的政府形象传播［M］.北京：中国人民大学出版社，2018.

　　［27］姜作苏.新媒体与社会变革［M］.北京：中国传媒大学出版社，2018.

　　［28］张伦.计算传播学导论［M］.北京：北京师范大学出版社，2018.

　　［29］郑晨予.新塑传导论：基于智能生成的传播学研究新范式［M］.上海：复旦大学出版社，2018.

　　［30］李本乾，吴舫.智能传播：机遇与挑战［M］.上海：上海交通大学出版社，2018.

　　［31］金韶.移动互联网营销传播的创新网络研究［M］.北京：中国传媒大学出版社，2018.

　　［32］［加］戴维·克劳利，保罗·海尔.传播的历史：技术、文化和社会［M］.第6版.北京：北京大学出版社，2018.

　　［33］［美］詹姆斯·韦伯斯特.注意力市场：如何吸引数字时代的受众［M］.郭石磊，译，北京：中国人民大学出版社，2017.

　　［34］［美］凯西·奥尼尔.算法霸权［M］.汪婕舒，译.北京：中信出版集团，2018.

　　［35］［加］文森特·莫斯可.云端：动荡世界的大数据［M］.北京：中国人民大学出版社，2017.

［36］喻国明.新媒体环境下的危机传播及舆论引导研究［M］.北京：经济科学出版社，2017.

［37］李开复，王咏刚.人工智能［M］.北京：文化发展出版社，2017.

［38］［美］凯文·塔尔博特.移动革命：人工智能平台如何改变世界［M］.北京：机械工业出版社，2017.

［39］［美］皮埃罗·斯加鲁菲.智能的本质［M］.北京：人民邮电出版社，2017.

［40］牟怡.传播的进化：人工智能将如何重塑人类的交流［M］.北京：清华大学出版社，2017.

［41］强荧，焦雨虹.上海传媒发展报告（2017）：移动传播与媒介创新［M］.北京：社会科学文献出版社，2017.

［42］［日］松尾丰.人工智能狂潮：机器人会超越人类吗？［M］.赵函宏，高华彬，译.北京：机械工业出版社，2016.

［43］［美］约瑟夫·多米尼克.大众传播动力学：转型中的媒介［M］.第12版.北京：中国人民大学出版社，2015.

［44］喻国明.媒介革命：互联网逻辑下传媒业发展的关键与进路［M］.北京：人民日报出版社，2015.

［45］［英］盖恩，比尔.新媒介：关键概念［M］.上海：复旦大学出版社，2015.

［46］张桂萍.转型与升级：传统媒体的互联网+［M］.广州：广东南方日报出版社，2015.

［47］毕书清.新时期的媒体融合与数字传播［M］.南京：江苏凤凰科学技术出版社，2015.

［48］［美］曼纽尔·卡斯特.移动通信与社会变迁：全球视角下的

传播变革［M］.傅玉辉，译.北京：清华大学出版社，2014.

［49］［英］库尔德利.媒介、社会与世界社会理论与数字媒介实践
［M］.上海：复旦大学出版社，2014.

［50］徐英瑾.心智、语言和机器：维特根斯坦哲学和人工智能科学
的对话［M］.北京：人民出版社，2013.

［51］［美］罗素，诺维格.人工智能：一种现代的方法［M］.北京：
清华大学出版社，2011.

［52］张咏华.媒介分析：传播技术神话的解读［M］.第2版.北京：
北京大学出版社，2017.

学术论文类

［1］于烜.中国移动短视频发展的新态势［J］.传媒，2021（14）：
15-18.

［2］安珊珊.2020年中国社交媒体用户使用行为研究报告［J］.传媒，
2021（14）：19-22.

［3］赵国华.大数据时代短视频制作及传播机制研究［J］.传媒，
2021（13）：50-52.

［4］赵然.融合新闻视角下的短视频互动：模式、问题与路径［J］.
传媒，2021（13）：53-55.

［5］凡婷婷，曾一果.技术、社会与文化：媒介逻辑与重构路径［J］.
传媒观察，2021（07）：57-63.

［6］喻国明.洞察中国视频产业的未来发展：机遇、挑战与对策［J］.
新闻与写作，2021（07）：66-70.

［7］喻国明，刘彧晗，杨波.理解网络直播：媒介人性化逻辑的延伸
［J］.编辑之友，2021（07）：38-43.

［8］石静."移动+"传播生态下编辑传播力提升路径研究［J］.编辑

学刊，2021（03）：46-52.

［9］王波伟.移动传播范式下用户主导型知识协作的运作与思考［J］.传媒观察，2021（05）：66-71.

［10］高建平.地方广电媒体新闻直播融媒转型策略［J］.青年记者，2021（08）：82-83.

［11］张继东，蒋丽萍.融入用户群体行为的移动社交网络舆情传播动态演化模型研究［J］.现代情报，2021，41（05）：159-166+177.

［12］刘杨，吴玉莹.基于微信公众号的科普信息移动化传播策略研究——以"我是科学家iScientist"为例［J］.新闻爱好者，2021（04）：45-48.

［13］王振江.网络直播现状及5G时代发展趋势［J］.青年记者，2021（06）：93-94.

［14］尼罗拜尔·艾尔提，郑亮.新媒体时代短视频内容生产的特点、趋势与困境［J］.中国编辑，2021（03）：81-85.

［15］于志勇，赵宇华.5G+AI引领全球新闻传播路径［J］.中国广播电视学刊，2021（03）：59-61.

［16］张放，杨颖.移动政务视频碎片化传播效果的实验研究［J］.新闻界，2021（02）：46-56.

［17］李金宝，顾理平.短视频盛宴中的媒介变革与价值发现［J］.传媒观察，2021（02）：5-14.

［18］周宇豪，王玉姗.信息传播新转向：虚拟场域中的云技术［J］.青年记者，2021（02）：96-97.

［19］游祯武.主流媒体移动短视频新闻传播策略研究——以"央视新闻"抖音号为例［J］.传媒，2021（02）：49-51.

［20］石磊."5G+AI"驱动下"四全媒体"的智能化构建路径研究［J］.

新闻爱好者，2021（01）：90–92.

［21］方亭，蒋娜娜.从场景化到"场景+"：移动音乐 APP 传播研究［J］.编辑学刊，2021（01）：62–67.

［22］黄楚新.当前中国新媒体发展的十大趋势［J］.人民论坛，2020（31）：96–99.

［23］郑家鑫.移动视频直播场景构成的特征解析［J］.传媒，2021(01)：37–38+40.

［24］顾秋阳，琚春华，鲍福光.融入用户群体行为的移动社交网络舆情传播动态演化模型研究［J］.系统科学与数学，2020，40（12）：2278–2296.

［25］景义新.移动媒介如何融入日常生活：传播可供性视角的理论诠释——对安德鲁·理查德·施洛克的研究评介及商榷［J］.当代传播，2020（06）：82–84+90.

［26］董玉芝.技术赋能与身体传播：移动短视频戏仿实践的价值重构［J］.现代传播（中国传媒大学学报），2020，42（11）：27–32.

［27］郭致杰.移动短视频的媒介演化与传播机制——基于保罗·莱文森媒介进化论的反思［J］.青年记者，2020（30）：35–36.

［28］黄楚新，吴梦瑶.主流媒体如何占领网络阵地［J］.中国广播，2020（09）：4–7.

［29］李舒，黄馨茹.传播学视域下的直播电商：特征、壁垒与提升路径［J］.青年记者，2020（30）：43–45.

［30］许向东，王怡溪.智能传播中算法偏见的成因、影响与对策［J］.国际新闻界，2020，42（10）：69–85.

［31］张路琼，崔青峰.移动音频的传播特征及媒介演变［J］.青年记者，2020（29）：75–76.

［32］张科.网络直播的内容生产逻辑及优化策略［J］.中国编辑，2020（10）：81-85.

［33］陈娜，唐百慧，曹三省.5G创新技术聚合智能融媒体发展［J］.传媒，2020（19）：48-50.

［34］朱亚希.从移动界面出发理解传播：论新媒介时代移动界面传播的三重属性［J］.新闻界，2020（09）：26-34.

［35］翁旭东，曾祥敏.在场、组局、破圈——突发重大公共事件中主流媒体移动社会化传播的破与立［J］.电视研究，2020（09）：56-60.

［36］孙平，张琛.央视主持人直播带货的移动传播策略探析［J］.电视研究，2020（09）：40-42.

［37］黄楚新，曹曦予.内容科技助推新时代传媒业内容供给侧改革［J］.青年记者，2020（24）：11-12.

［38］何顺民，裴梦茹.传播姿态的调适：《新闻联播》移动短视频的实践创新［J］.电视研究，2020（09）：20-22.

［39］黄楚新.中国新媒体发展的新特点［J］.新闻论坛，2020,34(04)：1.

［40］钱琳.场景化：移动音乐传播的新途径［J］.传媒，2020（16）：60-62.

［41］赵滢.移动短视频盛行的传播机理与规范引导［J］.人民论坛，2020（24）：136-137.

［42］杨杰，蒙浩苇.微知识视角下移动音频平台的传播分析［J］.出版广角，2020（15）：75-76.

［43］黄楚新，刘美忆.当前我国对媒体融合研究的几个主要方面［J］.现代视听，2020（08）：27-33.

［44］谢金文.新闻传播如何面向移动时代［J］.青年记者，2020（22）：42-44.

［45］蒲信竹.观看与表演：移动社交短视频的互动仪式链——基于抖音社区的品牌传播策略研究［J］.电视研究，2020（07）：20-23.

［46］吴献举.智能化媒体新闻生产：模式变革、伦理冲突及协调路径［J］.中国出版，2020（12）：36-40.

［47］黄楚新，刘美忆.我国新型主流媒体与国家治理体系和治理能力现代化［J］.中国出版，2020（15）：10-15.

［48］邓笠懿.移动短视频传播的社会文化特征及反思［J］.青年记者，2020（14）：92-93.

［49］武楠，梁君健.短视频时代主流媒体的新闻生产变革与视听形态特征——以新冠肺炎疫情期间"央视新闻"快手短视频为例［J］.当代传播，2020（03）：58-62.

［50］喻国明，赵文宇.算法是一种新的传播观：未来传播与传播学的重构［J］.西南民族大学学报（人文社科版），2020，41（05）：145-149.

［51］郑艳.移动传播时代突发公共卫生事件舆论引导研究——以湖北省主流电视媒体为例［J］.电视研究，2020（05）：23-25+29.

［52］张敏.县级融媒体建设要坚持移动优先和全媒体传播——以福建尤溪县融媒体中心为例［J］.当代电视，2020（05）：95-97.

［53］谢金文.移动传播中的新闻：概念、特点和真实问题［J］.青年记者，2020（10）：39-42.

［54］丛挺，杨圣琪.移动场景下出版机构短视频传播实证分析［J］.中国出版，2020（06）：3-7.

［55］杨莉明.个性化推荐在移动新闻资讯传播中的应用、影响与反思［J］.新闻与传播评论，2020，73（02）：47-58.

［56］黄楚新，王丹.聚焦"5G+"：中国新媒体发展现状与展望［J］.科技与出版，2020（08）：5-13.

［57］张丽丽.基于移动终端的融媒体新闻创新传播——以 H5 新闻为例［J］.青年记者，2020（02）：58-59.

［58］王微，王晰巍，娄正卿，刘婷艳.信息生态视角下移动短视频 UGC 网络舆情传播行为影响因素研究［J］.情报理论与实践，2020,43(03)：24-30.

［59］习近平.加快推动媒体融合发展 构建全媒体传播格局［J］.奋斗，2019（06）：1-5.

［60］王月，张心志.从"成为"到"生成"：移动传播情境下信息生产实践变革与省思［J］.中国出版，2019（24）：41-43.

［61］许竹.移动短视频的传播结构、特征与价值［J］.新闻爱好者，2019（12）：30-32.

［62］涂炯，周惠容.移动传播时代社会支持的重构：以抖音平台癌症青年为例［J］.中国青年研究，2019（11）：76-84.

［63］张鑫.移动社交媒体舆论热点传播探析［J］.青年记者,2019(30)：43-44.

［64］王春枝.移动视频的政治传播场景研究［J］.新闻爱好者，2019（10）：29-32.

［65］别君华，许志强.媒介智能化与智能网络社会转型［J］.海南大学学报（人文社会科学版），2019，37（05）：68-74.

［66］肖珺，张春雨.全面移动化：构建面向 5G 的全媒体传播生态［J］.新闻与写作，2019（08）：26-32.

［67］赵亚光.广播电视台移动端新闻传播创新探析［J］.中国广播电视学刊，2019（08）：72-74.

［68］曹晚红，别君华.群体传播时代的移动视频直播［J］.中国广播电视学刊，2019（07）：56-58.

［69］杨蔚，孙天艺.移动短视频两种传播逻辑及运营模式的比较——以快手"抖音"为例［J］.当代电视，2019（07）：84-87.

［70］陈奕，陈炽行.移动热点新闻的传播路径及效应探析［J］.青年记者，2019（17）：40-41.

［71］王睿，马璇."竖"屏：移动短视频发展的新方向探析［J］.传媒，2019（11）：54-55.

［72］刘晓鹏.移动传播穿透力：深度融合的重要突破口［J］.新闻与写作，2019（05）：12-15.

［73］姚林青.移动技术推动下的传媒变局［J］.人民论坛，2019（11）：22-24.

［74］师文，陈昌凤.新闻专业性、算法与权力、信息价值观：2018全球智能媒体研究综述［J］.全球传媒学刊，2019，6（01）：82-95.

［75］杨超，朱小阳.移动优先与媒体融合——基于H5的移动数字出版交互式传播策略［J］.编辑学刊，2019（02）：55-59.

［76］李淼.数字"新视界"：移动短视频的社交化生产与融媒传播［J］.中国编辑，2019（03）：82-86.

［77］张收鹏，李明德.电视媒体移动短视频内容生产及传播策略研究［J］.电视研究，2019（03）：56-58.

［78］刘利永，师本贤.联播类移动端新媒体运营的变与不变［J］.青年记者，2019（06）：54-55.

［79］周浩.移动社交时代短视频的网络传播价值［J］.出版广角，2019（01）：70-72.

［80］严芳，施海泉.移动短视频的绿色生产与传播［J］.青年记者，2019（05）：92-93.

［81］漆亚林，王俞丰.移动传播场域的话语冲突与秩序重构［J］.中

州学刊，2019（02）：160-166.

[82] 周妍，张文祥 . 移动互联网下的传播变革及其社会影响 [J] . 山东社会科学，2019（02）：165-172.

[83] 卢迪，张玮玮 .5G 背景下移动媒体行业发展的问题与思考 [J] . 电视研究，2019（02）：61-62.

[84] 郑红 . "移动传播优先" 状态下主流媒体的创新建设 . 青年记者，2018（32）：38-39.

[85] 李志，单洪，马涛，黄郡 . 基于反向标签传播的移动终端用户群体发现 J. 浙江大学学报（工学版），2018，52（11）：2171-2179.

[86] 李森 . 数字 "新声活"：融媒场景中移动音频的知识传播与实践 [J] . 中国编辑，2018（09）：76-80.

[87] 曾祥敏，刘日亮 . 移动新闻直播：临场交互下的信息传播 [J] . 电视研究，2018（09）：18-22.

[88] 卢迪，韩银丽，徐玥 . 移动传播技术发展背景下的传媒智能化演进 [J] . 中国编辑，2018（07）：78-81.

[89] 王佳 . 微传播：移动化新闻传播新范式 [J] . 编辑学刊,2018(03)：106-109.

[90] 宋建武，黄淼 . 媒体智能化应用：现状、趋势及路径构建 [J] . 新闻与写作，2018（04）：5-10.

[91] 马志浩，吴玫 . 通话中的农村与手机网络通讯的城市：移动传播与社会资本的基层图景 [J] . 新闻大学，2018（01）：100-110+152-153.

[92] 宋建武，黄淼 . 移动化：主流媒体深度融合的数据引擎 [J] . 传媒，2018（03）：11-16.

[93] 严三九 . 中国传统媒体与新兴媒体融合发展的现状、问题与创新路径 [J] . 华东师范大学学报（哲学社会科学版），2018，50（01）：89-

101+179.

[94] 郭全中.智媒体的特点及其构建 [J].新闻与写作，2016（03）：
59-62.

[95] 陈昌凤，杨依军.意识形态安全与党管媒体原则——中国媒体
融合政策之形成与体系建构 [J].现代传播（中国传媒大学学报），2015，
37（11）：26-33.

[96] 李彪."互联网+"时代传统媒体融合转型的做点 [J].编辑之友，
2015（11）：51-55.

[97] 王晓红，包圆圆，吕强.移动短视频的发展现状及趋势观察 [J].
中国编辑，2015（03）：7-12.

[98] 胡正荣.传统媒体与新兴媒体融合的关键与路径 [J].新闻与写
作，2015（05）：22-26.

[99] 刘鹏.传统媒体融合转型的若干趋势 [J].新闻记者，2015（04）：
4-14.

[100] 殷俊，姜胜洪.政务新媒体发展现状及对策探析 [J].新闻界，
2015（05）：40-43+48.

[101] 朱春阳，张亮宇，杨海.当前我国传统媒体融合发展的问题、
目标与路径 [J].新闻爱好者，2014（10）：25-30.

[102] 喻国明.大数据对于新闻业态重构的革命性改变 [J].新闻与
写作，2014（10）：54-57.